本书内容为厦门市社会科学界联合会、厦门市社会科学院2011—2013年厦门市社会科学调研重大课题"闽台历史民俗文化遗产资源调查"系列课题研究成果之一，课题由厦门理工学院承接并组织完成。

《厦门社科丛书》编委会

顾　　问：叶重耕
主　　任：朱崇实
副 主 任：张　萍　周　旻
委　　员：林书春　黄珠龙　洪英士　陈振明
　　　　　周　宁　彭心安　黄晓舟　沈铁岩
　　　　　陈怀群　黄碧珊　王　琰　李　桢

《闽台历史民俗文化遗产资源调查》编纂委员会

编委会主任：周　旻　黄红武　林书春
副 　主　 任：王　琰　林志成　陈丽安　吴克寿
　　　　　　李　桢
委　　　员：葛晓宏　项　茜　郭肖华　陈英涛
　　　　　　袁雅琴　王　伟　朱瑞元　罗善明
　　　　　　严　滨　王玥娟　詹朝霞　李文泰
　　　　　　刘芝凤　李秋香　徐　辉　林寒生
　　　　　　段宝林　欧　荔　和立勇　林江珠
　　　　　　黄金洪　蔡清毅　庄荣志　方　奇
总主持/总编审：刘芝凤
编　　　审：王宏刚　张安巡　陈育伦　邓晓华
　　　　　　郑尚宪　蔡葆全　夏　敏　林德荣
　　　　　　戴志坚　陈少坚　曾凤飞

闽台历史民俗文化遗产资源调查系列

2013年
厦门社科丛书

中共厦门市委宣传部
厦门市社会科学界联合会 合编

闽台民间体育传统习俗文化遗产资源调查

方奇 著

厦门大学出版社
XIAMEN UNIVERSITY PRESS
国家一级出版社
全国百佳图书出版单位

《闽台民间体育传统习俗文化遗产资源调查》

本专题主持人：	方　奇			
本专题组成员：	刘小湘	赵少聪	李　蕊	李红梅
	吴艳霞	上官婧		
本专题图片摄影：	方　奇	吴艳霞	上官婧	朱秀梅
	刘芝凤	王煌彬	曾晓萍	
参加田野调查人员：	上官婧	方　奇	王煌彬	刘芝凤
	刘春艳	孙亮柱	吴艳霞	朱秀梅
	刘少郎	孙　娜	李　蕊	张　荣
	张璟秀	张丽婷	张凤莲	陈春香
	陈君怡	陈子冲	林江珠	林龙明
	陈惠芳	林婉娇	姜海文	郑慰琳
	胡　丹	郭丽萍	徐亚薇	翁艳艳
	黄辉海	曾晓萍	陈佳锐	陈美玲
	陈思滢	刘美玲	刘怡萍	蒋倩倩
	邓　瑶	郑舒倩	蓝誉萍	唐如燕
	丁　超	谭秀诗	陈雅婷	

1. 杜浔镇正阳村菩萨比赛
2. 高雄内门各村宋江阵竞技
3. 击鼓赤脚过火
4. 走古事
5. 扛旗巡境

健步、竞速体能类民间体育项目

杂耍、操舞表演类民间体育项目

1. 2014年元宵节澎湖锣鼓阵
2. 台湾内门紫竹寺前大埔宋江阵表演
3. 霍童线狮
4. 8字舞龙

1
2

1. 对抗踢毽
2. 海上抓鸭子
3. 海上泼水
4. 公背婆比赛
5. 双人扯铃
6. 台东民间魔术师在街头献艺

游戏竞赛类民间体育项目

3
4

5
6

1. 攻炮城
2. 中秋博饼
3. 博饼道具
4. 背篓球
5. 金斗洋畲拳

1

2

3

4

5

总　序

闽台历史民俗文化是民族文化和地域文化的融合体,是中国当代文化的有机组成部分。对闽台历史民俗文化进行全方位的调查与研究,是继承和发扬优秀传统文化的基础性工程,也是厦门社科工作者义不容辞的责任。

经过多位社科专家学者数年的努力,《闽台历史民俗文化遗产资源调查》丛书终于面世了。该套丛书涵盖闽台民间信仰习俗、民间文学、民间艺术等十三个方面,视野宽广、资料翔实。注重田野考察,掌握第一手资料,是该套丛书的一个鲜明特点;收集保存珍贵的民俗文化遗产资源,纠正相关研究中的一些资料文献误差,是该套丛书的又一个重大贡献。

两岸同根,闽台一家。福建和台湾文化底蕴相通、学术传统相似,《闽台历史民俗文化遗产资源调查》的出版就是一个很好的范例。习近平总书记最近指出,"要使中华优秀传统文化成为涵养社会主义核心价值观的重要源泉"。如何进一步挖掘闽台特色文化资源,让人民群众在优秀历史文化的传承中受到启迪和教育,切实"增强文化自信和价值观自信",是时代赋予的重大课题。我期待厦门社科研究工作一直走在全省、全国的前列,体现出应有的担当。

中共厦门市委常委、宣传部部长

叶重耕

目录

001 **第一章 综述**

001 一、闽台民间体育田野调查概述

003 二、福建民间体育产生与形成的历史渊源

007 三、福建民间体育发展的可行性

008 四、台湾民间体育的传承与发展

012 五、闽台地理环境与民间体育的文化共性

016 六、闽台民间体育的价值与作用

024 七、闽台民间体育分类

027 **第二章 健步体能类民间体育项目**

027 一、挖大旗竹

030 二、抬阁

033 三、走古事

035 四、游花灯

037 五、迎龙灯

038 六、赛蛇神

041 七、登高

043 八、游田了

044 九、游大粽

046 十、游金瓜棚

047 十一、龙艺

049 十二、清水祖师巡境

052　十三、"游大龙"
054　十四、"游王船"
056　十五、杨氏游神

059　**第三章　竞速体能类民间体育项目**

059　一、赛佛
060　二、赤脚踏火
064　三、龙舟竞渡
069　四、推轿斗力

072　**第四章　杂耍表演类民间体育项目**

072　一、摆棕轿
074　二、耍刀轿
076　三、抢孤
078　四、霍童线狮
080　五、搬铁枝
081　六、建瓯挑幡

086　**第五章　操舞表演类民间体育项目**

086　一、舞龙
094　二、舞狮
102　三、采茶灯
104　四、红龙缠柱
106　五、打船灯
108　六、玩鱼灯
109　七、拔烛桥
111　八、三公落水操
114　九、宋江阵
119　十、大鼓凉伞

121　十一、八家将

124　十二、斗牛阵

126　十三、牛犁阵

127　十四、布马阵

128　十五、打枪担

129　十六、客家花鼓

131　**第六章　游戏竞赛类民间体育项目**

131　一、汉族泼水

133　二、海上泼水

134　三、抓鸭子与抓金猪

136　四、打尺寸

138　五、劈蔗

140　六、赛大猪

142　七、斗牛

142　八、猴子占柱

142　九、虎抓羊

143　十、猴子抢蛋

143　十一、扯铃

147　十二、踢毽子

149　十三、跳绳

150　十四、放风筝

152　十五、荡秋千

154　**第七章　武术健身类民间体育项目**

154　一、五祖拳

155　二、狗拳

156　三、永春白鹤拳

157　四、连城拳

- 159　五、金斗洋畲家拳
- 160　六、流民拳
- 161　七、元极舞

163　第八章　瞄准投掷类民间体育项目

- 163　一、攻炮城
- 165　二、竿球比赛
- 167　三、背篓球

168　第九章　棋艺娱乐类民间体育项目

- 168　一、中秋博饼
- 171　二、"公背婆"
- 173　三、"包粽子比赛"
- 174　四、"抢灯"

- 175　附　　录
- 181　参考文献
- 184　后　　记

第一章 综述

一、闽台民间体育田野调查概述

1. 闽台民间体育田野调查

"闽台民间体育传统习俗文化遗产资源调查"子课题组从2012年4月开始,跟随"闽台历史民俗文化遗产资源调查"课题大组一起,开始进行为期10个月左右的田野调查,先后走访了泉州的晋江市、石狮市、安溪县、永春县;漳州的龙海市、长泰县;莆田的仙游县和湄洲岛;南平的建瓯市、武夷山市;宁德的福安市、屏南县;龙岩的永定县、连城县、长汀县;三明的沙县、大田县;福州的福清、闽清、平潭县;台湾的高雄县、台中县、金门县;厦门的集美、同安、翔安、海沧、思明和湖里六区等地。每个市县平均采访两个乡镇,每个乡镇至少走访2～6个村,并及时整理大组的前期田野调查资料。

课题组在田野调查过程中,坚持认真做好问卷调查的基础工作和深度访谈工作。其中在深度访谈中先后采访到石狮市蚶江"北狮"创始人、民间金凯圣醒狮团团长蔡奕品师傅,连城县庙前镇庙前村游大龙发起人官榕旺大爷,永春白鹤拳传承人潘炳堂师傅等。与诸前辈们的面对面采访,丰富了民俗体育调查资料,让参与调查的每一位师生都受益匪浅。

2. 闽台民间体育的定义与内涵

中国传统的民俗分类一般分为信仰民俗、生活民俗、建筑民俗、制度民俗、生产民俗、岁时节令民俗、礼仪民俗、商贸民俗和游艺民俗等,而这其中并没有明确地分列出"体育民俗"这一类别,唯一能沾上一点边的是十类民俗之一的游艺民俗中所包含有的"竞技方面"。

体育一词最早源自日文,其英文曾有 sports, physical culture, physical education，physical training 等多种译法。体育是人类社会发展中，根据生产和生活的需要，遵循人体身心的发展规律，以身体练习为基本手段，为达到增强体质，提高运动技术水平，进行思想品德教育，丰富社会文化生活而进行的一种有目的、有意识、有组织的社会活动，是伴随人类社会的发展而逐步建立和发展起来的一个专门的科学领域。体育的概念有狭义和广义之分。从狭义来讲，体育是一个发展身体，增强体质，传授锻炼身体的知识、技能，培养道德和意志品质的教育过程；是对人体进行培育和塑造的过程；是教育的重要组成部分；是培养全面发展的人的一个重要方面。从广义来讲，体育是指以身体练习为基本手段，以增强人的体质，丰富社会文化生活和促进精神文明为目的的一种有意识、有组织的社会活动。它是社会总文化的一部分，其发展受一定社会的政治和经济的制约，并为一定社会的政治和经济服务。[1]

以体育的广义含义为基点，"闽台民间体育"的内涵可理解为"在闽台地区范围内，表现出富有健身、健体、健心的功能效应，包含有争强好胜的竞赛元素特点，具有培养道德、意志品质以及团队精神作用所进行的有目的、有意识、有组织的民俗活动或活动中存在的体育形式的总和"。简单一点说，我们认为，凡是能体现锻炼功效、竞赛特点以及培养意志品质和团队精神的民俗活动或活动中的某一形式，都能作为闽台民间体育传统习俗文化遗产资源的对象进行调查、分析和研究。

3. 闽台民间体育调查的意义

闽台民间体育调查是对闽台地区民间体育传统习俗文化资源所进行的一次摸索家底和整理的过程，其主要贡献体现在：

（1）首次完全从"体育民俗"角度展开的民俗文化资源调查，丰富了民俗文化研究的内容，对我们传承和发展地域体育事业是一项有益的尝试。

从过去收集到的资料来看，除了对信仰民俗、生活民俗、建筑民俗、制度民俗、生产民俗、岁时节令民俗、礼仪民俗、商贸民俗和游艺民俗这十大民俗进行过专门调查外，没有专门进行过体育民俗方面的资源调查和收集工作。但体育是与人们生产、生活息息相关的一种社会活动，我们在信

---

[1] 颜天民、熊焰：《体育概论》，广西师范大学出版社2000年版，第45页。

仰民俗、岁时节令民俗、生活民俗、游艺民俗等民俗中都感觉到它的存在，因此这次我们将其作为一个专题加以调查并出版。

(2)按体育属性对闽台民间体育(形式)进行分类，有一定的创意。同时也理清了闽台不同的民间体育(形式)所直接或间接包含的生理学、社会学、心理学等方面的价值，这为将来进一步深入挖掘民俗活动中体育综合价值迈出了坚实的一步。

研究体育民俗存在的难题之一就是对于其概念的界定，目前在体育学术界还没有达成共识，存在一些概念上的争议。从民间体育(形式)分类角度来进行体育民俗资源的收集和整理，有利于回避体育民俗基础理论的概念性问题，起到搁置争议、推动研究的目的。相信经过闽台体育民俗资源调查的开展，反过来是会促进体育民俗概念性问题的思考的。

(3)调查资料相对较全面细致，是对前人研究成果的一次重要补充与考证。本书通过较为细致的田野调查，收集到涉及体育内涵的民俗相关内容70多项，同时积极寻找相关项目的传承人，采用问卷、访谈研究方法了解当地民俗活动开展状况及原住居民的生活状态，对前人已调查过的许多情况进行了重要补充与考证，同时对当前民俗活动随着社会发展所发生的变化进行了分析。

(4)在田野调查过程中，坚持文化人类学的调查方法和技术，实地深入乡村农户家中，将所调查到的民间体育所用器材和道具的制作流程、工序等都一一记录在案。同时，本课题还将采访过的对象基本资料逐一列表在案，为日后的复核或寻找实地出处提供资源出处。

二、福建民间体育产生与形成的历史渊源

在中国上万年的历史中，中华民俗主要由农业民俗、游牧民俗和海洋民俗三个类型构成。其中农业民俗作为中华民俗的主体，集中在长江流域和黄河流域等区域，构成中华民俗的核心地带。游牧民俗大致集中在长城以北区域，分布在以新疆、内蒙古单一游牧民俗和以东北、宁夏农牧混合民俗为各自特点的民俗区。海洋民俗则集中在中国东南部，即闽台、岭南、江浙、山东、辽东等沿海一带的民俗区域。后两大民俗区域因自身土地面积、人口数量、自然资源、文明程度等方面的原因，在以中原文化为

主体的悠久历史中,长期处于边缘文化附属地位。民间体育民俗因此而被忽视了。

事实上,民间社交群体活动多有约定俗成的竞技内容。如漳州市长泰县江都村每年一次的"排大猪祭三公"仪式,就很明显是以竞技为主要内容的民间祭祀活动。举行这个仪式的连氏家族,在南宋末年为祭拜三位民族英雄——文天祥、陆秀夫、张世杰,每年都要举行竞技性很强的赛大猪祭三公的祭祀活动,后发展为全村各姓参与的活动。2012年10月21日的赛大猪仪式,头名状元养的大猪有900多斤,获得最长的红绸带和360元奖金;第二名获得240元奖金;第三名获得120元奖金。这些村民比较富裕,年收入都有数万元,却为这区区几百元争先恐后。因为里面有集体承认的荣誉感,所以全村抬出来比赛的大猪有200来头。这类带竞技比赛的民间节庆、信仰习俗在闽台非常普遍。

有关民间体育的概念,体育学者定义为:"民间体育是特指非官方的体育在劳动人民中广泛流传的民俗体育活动",而民俗体育指的是"民间百姓中的体育风俗习惯"。[①] 近些年来,随着民俗文化研究的深入以及一级学科"体育学"的迅速崛起和发展,越来越多的学者开始进入民间民俗体育研究的领域,民间民俗体育现象也逐步受到重视。

具体探讨福建民间体育的产生和形成这一问题,与其本身历史发展、地理环境、生产生活、军事斗争、图腾膜拜等有着密不可分的关系。福建历史源远流长,早在新石器时代就有人类活动的痕迹,创造出了能与仰韶文化、河姆渡文化相媲美的昙石山文化。远古时期作为百越族的一支,与福建闽族人融合成长起来的闽越文化,一直保留着与中原华夏族不一样的风俗习惯。汉武帝伐闽,闽越国灭亡,随着越人北迁,中原移民进入闽地,使得中原文化不断向福建渗透移植,汉越文化相互融合吸收,形成了自身特有的民俗文化风貌。福建泉州在宋元时期成为海洋民俗文化特色鲜明之地,被认为是"海上丝绸之路"的起点之一。明清以来至近代,福建作为探访海外和抵御外部侵略的前沿要塞与阵地,其海洋民俗得以快速

---

① 谢军、陈少坚:《闽台民俗体育的渊源与作用诠释》,《体育科学研究》2010年第4期,第1~7页。

发展，在海洋民俗中，民间体育民俗仍然占有十分重要的地位。比如石狮、漳州等地的渔民，端午节海上抢鸭、赛龙舟、泼水等，都是竞技性非常强的民间体育习俗项目。

闽台地区从唐宋时期开始茶之路、稻之路、瓷之路、丝绸之路等海上商贸经营之后，西方文化也随之很快进入闽台地区，深入到中国内地。西方文化的影响又使得福建民俗中的竞技因素得以增强，使福建民间体育更加丰富。

福建位于中国东南沿海，与台湾隔海相望。福建从秦朝设置闽中郡开始就作为一个行政区位出现在中国的地理版图上。福建境内山岭耸立，丘陵重叠，海拔在 200 米以上的山地丘陵约占福建全省土地面积的 85%，特别是浙江、江西两省的交界地带，由于仙霞岭和武夷山脉的天然隔断，成为古代交通不发达时期福建与外界交流的一道屏障，使福建人养成了"爱拼才会赢"的区域民族个性，对于福建民间体育形式的区域特征的产生与形成起到了至关重要的作用。

1. 福建民间体育受中原民间体育影响时间较为偏后。据史料记载，在两晋时期福建民俗才受到中原民俗的影响，唐代因陈政、陈元光的开彰和王审知的入闽，带来了数万中原将士落户，同时也带来了足以影响福建的中原民俗和内含体育竞技的军事阵头艺术。到宋代，中原民俗已在福建逐步成型稳定，并形成地方特色。

2. 福建民间体育受中原民间体育影响较小。众所周知，中国古代北方地区是历代政治斗争和王朝更迭的中心区域。群雄争霸，逐鹿中原之势使得中原民俗文化在动荡不安的环境中经常出现一些超常态化的影响，变化不断。交通的不便利使得中原人进入福建这一区域比较困难，福建因此在很大程度上保存住了一些原汁原味的本土民俗；中原人后来不断移居福建影响渐深，使福建形成了与中原文化相融合的习俗。

3. 福建区域内本身的地形和水文特征复杂，素有"八山一水一分田"之说。在福建 12.4 万平方公里的土地上就分布有 29 个水系，663 条河流，这样的水文地貌使得古时八闽各地相对封闭和孤立，从而使得"十里不同风、百里不同俗"的民俗现象相当普遍，由此形成福建民俗的小地域性特点，使得福建民俗的形式和种类丰富繁多。民间体育形式也正是在这种小地域内部,带着浓郁地方特色的民俗文化内容单一循环下产生、形成并发展起来的。

福建高山耸峙、崇山峻岭的地形特征,使福建先民们在艰苦的环境条件下求生存谋发展。早在新石器时代晚期,生活在闽江下游的福建先民"昙石山人",就使用石斧、石锄、石镰等工具进行粗放式的农业耕作与生产,使用石锛、石刀、蚌刀、陶网坠等工具进行渔猎与采集,他们集体行动,合群而居,用简单的言进行沟通交流,形或福建民俗民间体育形式的雏形。同样,作为福建少数民族代表的畲族先民生活在深山幽谷之中,在植物采集、狩猎、捕鱼等生活生产技能与技巧中,产生了原始的传统民俗体育,如现在的"狩猎"、"骑海马"、"打枪担"等民俗体育项目雏形。

福建沿海先民"以海为生,靠海吃饭",长期与波涛汹涌的大海搏斗,出生入死中养成了强悍好斗和重利轻生的性格特点与价值观念,因而在福建方言中素有"敢死提去食"、"蚀本生意无人做,杀头生意有人做"的谚语。福建古代畲族人在对抗外敌、守卫家园的斗争中练就了迁徙转战的生存要领。为提高自身的防御本领和战斗能力,他们要求族人练武强身,保家卫国,还创立出许多军事性训练项目,这些逐步形成了传统的民俗体育武术项目,如"八井拳"、"畲家拳"、"蓝技拳"等。畲族首领蓝丰高为了抗击侵略,抵御敌人的乱箭,还发明了民俗体育项目"打尺寸"。

历史上福建民众为抗击压迫、抵御外侵进行过许许多多艰苦卓绝的斗争,具有光荣的革命传统。例如开漳圣王陈元光将军平定闽粤,创辟州县,倡兴庠序,屯垦安民,创造了军队武术操练阵法"宋江阵"。明末名将、民族英雄郑成功为操练水兵,发明了"抓鸭子"、"抓金猪";为庆祝收复台湾,赶走了荷兰人,发明了"挑幡";为缓解将士思念情绪发明了"博饼";为固守台湾,带领将士屯垦安民种水稻而发明了"牛犁阵"等带有体育竞技性能的民俗与艺术。

"闽"是福建最原始的名称,在《山海经·海内南经》中就曾记载"闽在海中"之说。《说文解字》在解释"闽"字时注:"闽,东南越,蛇种"。所谓"蛇种",意谓闽越人以蛇为先祖,把蛇作为自身的图腾崇拜。他们常将蛇奉于家里,将"门"代表家内;"虫"代表蛇,"闽"字由此被造出。蛇为爬行类喜欢巡游之物,素有"龙之化身"的称号。闻一多先生在解释龙形象的复杂性时也谈到大概图腾未合并以前,所谓龙者只是一种大蛇。① 福建产生出许多以龙为形象的体育民俗活动,结合其好巡游之特点,演变出像"龙艺""舞香龙""舞龙灯""板凳龙""游大龙""红龙绕柱"等类型各异的操舞表演类民间体育形式。

三、福建民间体育发展的可行性

物质生活的极大丰富和业余时间的增多,促使人们的生活方式、健康理念和旅游观念发生了较大的变化,旅游已不再是旅行与游览活动的简单结合,而是融入了体育、健身和康复等在内的丰富的社会生活和文化现象。随着社会的进步,人们对旅游的需求也越来越多样化、个性化,正是在这种需求背景下,体育旅游这一集动态参与性、健身性、刺激性、娱乐性、观赏性等特征于一体的新型旅游方式逐渐兴起并快速发展,成为人们日常休闲健身的重要方式。

体育旅游作为一种社会现象和社会活动自古有之,但是真正意义上的体育旅游的兴起是在第二次世界大战结束后。随着西方经济的发展,人们收入水平迅速增加,生活水平大大提高,闲暇时间也越来越多,加上交通的发达,使旅游成为人们日常生活中的一种时尚。此外,人们的消费观念和健康观念也不断发生了变化,传统的旅游方式已不能满足现代人求新、求健、求乐、求险等多元化、多层次的需求。进入 21 世纪,人类社会消费的重点已从单纯的产品、服务消费进入了体验消费的时代。人们开始更加注重个人的参与及在参与中获得身心的放松和精神的愉悦。作为一种新兴的、健康的、充满欢乐体验的体育旅游正是在这一大社会背景下应运而生,成为新时代旅游消费的热点和朝阳产业之一。

20 世纪后半期,随着旅游产业的快速发展以及体育运动的普及,以体育运动为特色的旅游项目在欧美国家和地区得以迅速发展,成为其重要产业和新的经济增长点。人们所喜爱的高山滑雪、海边沐浴、帆船、冲浪以及漂流、探险等冒险刺激类旅游项目,都是体育运动和旅游活动的结合。此外,利用大型国际体育赛事进行体育旅游的开发,也成为一大旅游

---

① 杨静荣、刘志雄、龙之源:《说文解字》,中国书店 2008 年版。

消费热点,而且因其所带来的巨大的经济、社会效益而越来越为人们所重视,体育运动因此获得较快的发展。②

四、台湾民间体育的传承与发展

台湾地处东经119°18′03″～124°34′30″,北纬20°45′25″～25°56′30″,东临浩瀚的太平洋,南界巴士海峡,与菲律宾群岛隔300公里相望,东北方与琉球群岛隔600公里相呼应。福建与台湾大致处于同一纬度带,是台湾与大陆最为接近的地点,两地仅一台湾海峡之隔,相距宽度不到200公里,最窄处只有130公里,福州港与基隆港之间的海程距离仅180公里。地缘优势使得台湾自然而然地选择福建作为与祖国大陆交流的桥梁。

在地质学上已经探测出台湾是以大陆为根生成的一个岛屿,是昆仑山脉南支由武夷山入海后过海峡再隆起形成的部分,海底大陆架相连确定了其与大陆的同一地缘性。考古学上也发现台湾的史前文化与大陆就同属一脉,旧石器时代的大陆文明就已经传到了台湾。闽越人善于用舟,台湾最早的定居者是闽越族的渡海迁徙的先民,这从高山族一直保留着断发文身和蛇崇拜的习俗中能反映出来。到宋代,台湾在延续着闽越人发展传统的同时,与南洋群岛过来的马来人及另外一些外来人种逐渐融汇成高山族群及高山族特有的民俗;大陆福建泉州、漳州一带沿海人民为躲避战乱,有些人进入澎湖定居下来。明清时期以漳州、泉州为主的大量福建人移居台湾,人口数量占了台湾本岛人数的80%以上,政治力量、经济水平、文化程度等综合力量迅速超过台湾高山族群,成为台湾社会发展的主导者,由此带去了大陆民俗,特别是福建民俗很快替代高山族民俗,占据了主体地位。正如清代丁绍仪在《东瀛识略》就曾提出的,"台民皆徙自漳泉潮州,悉本土风与内地无甚殊异"。① 1895年开始了日本对台湾长达50年的殖民统治,台湾民俗因此受到过一些日本文化的影响,但随着日本殖民统治的溃败,这一影响日渐式微。在台湾岛内,传统的福建民俗始终被民众传承着,而后复苏崛起,依旧繁荣兴旺。1949年新中国成立前

---

① 王丽梅:《闽台文化的同质性及其保护、发展》,《河北北方学院学报(社会科学版)》2009年第6期。

夕,随国民党前去台湾的军政公务人员中有10多万是福建人,闽台之间又增加了传播、交流和融合两地民俗文化的人本资源。近十几年来,大陆与台湾民众溯本思源的"寻根"热潮的兴起,也进一步认同了台海两岸民俗文化的一脉情缘。

在漫长的岁月中,台湾多元的移民使得台湾的民俗文化具有多元融合的特点。一方面,随移民迁移而来的闽南民俗文化、客家民俗文化、外省人民俗文化等,因传入地域和年代关系必然会形成差异。另一方面,在传入台湾的各类民俗文化中,没有一种文化能形成强势民俗文化,或能占有绝对优势来消除或覆盖包括"原住民"民俗文化在内的文化,其结果只能是多种民俗文化和平共处、相互交融、蔓延发展。台湾岛内的各类民俗活动相当频繁,可谓是天天有,《台湾乡土生活民历》一书就曾对台湾地区从正月初一到十二月二十九(除夕夜)的民俗活动进行过详细的排期和内容介绍。课题大组四次赴台,每次都能遇到民间菩萨巡境或祭祀仪式活动。如漳化县鹿港的关帝回岛仪式中有回岛巡境;台中玉妈祖上岛落户大甲妈祖庙时有巡境活动;每年农历七月新竹县城隍爷巡境活动;就连来自外国的佛教都有佛祖巡境游历活动。除此之外,还有泰雅人、卑南人、阿美人等的收获祭、赛夏人的小米祭,新竹客家人一年一度的义民庙祭等等。每次入台都能看到台湾丰富的民俗活动。而这些民俗活动,都带有体育性。

台湾各类民俗活动如此兴盛的原因有多方面,包括:

1. 移民文化

移民历史注定了台湾有多少的移民文化就会有多少民俗活动,众多的民俗活动在台湾这块土地上不断被翻版、衍生、完善、传承和发展。

2. 民间信仰

台湾民间信仰根深蒂固。明清时期入台的漳泉人,将闽南传统的原始宗教信仰带到台湾,形成村村有庙,家家有祭坛。从台湾风水先生和相命先生大行其道的现象就可说明一二。

台湾民间信仰极为盛行是与早年台湾先民在艰苦生存条件下开拓发展分不开的。台湾是一个岛屿,四面环海,古时以渔业捕捞为生的人群为多,而海洋渔业是一项非常危险的行业,有道是"半寸板内是娘房,半寸板外是阎王"。当人们不能把握自己的生命时,只能把求生的希望寄托于天地鬼神,所以神灵崇拜在东南沿海地区盛行。先民们在历经艰辛、困难创业的过程中心灵需要有寄托,而一般以求助神灵和祖先保佑的方式来表达;创业成功后,又会感谢神灵和祖先庇护以表达内心感激之情。如此往复,一步一步推动了各类民间信仰和民俗活动。

3. 经济利益驱使

长期的海洋商业文化浸透使得台湾人比较精明。为推销地方特产,扩大地方知名度,台湾很多地方政商两界人士会联合起来将许多民俗活动办成各种节庆。

4. 求互助,找依托

台湾体能民俗主要表现在民间宗教活动的社会性与群体性之中。一是时令性的民间信仰拜菩萨、神灵巡境;二是各路神灵的诞辰与化羽之日巡境;三是回大陆拜祖源回岛巡境;四是有灾有难请神请醮进香等,都是群体性体能社会活动。台湾民众以此寻求邻里友谊、互助,在精神上寻找可依托的归属感,并以此推动相关民俗活动的发展。

台湾久远丰富的民俗文化底蕴使得台湾民间体育形式不能孤立存在,而是融合在台湾众多的民俗文化形式中,既继承着中原文化的精髓,又充分吸收闽越文化、畲族文化、高山族"原住民"文化以及海外文化等的养分而发展。台湾几乎继承了中原汉族的所有节日,在民俗体育形式上尤以端午节的"龙舟竞渡"和中秋节的"博饼彩头"这两项体育活动最为典型。除此以外,流行于台湾岛内的以四大将与四季神为主轴的"八家将";高山族排湾人"五年祭"节中,寓意感谢祖灵神佑,祈求来年丰收的"竿球比赛";由台南学甲镇大湾庄创立,崇尚农耕,寄情于牛的"斗牛阵";以及台湾宜兰庙会七月中元节用于普渡消灾的"抢孤"活动等,都是极具台湾民俗色彩的民间体育形式。

1966 年,台湾地区掀起了"中华文化复兴运动",并将 11 月 12 日孙中山诞辰纪念日定名为"中华文化复兴节"。1971 年,台湾省政府首次举办民间体育活动——台湾省民间游艺竞赛,成立了民间游艺社会处,开办了讲习班。1975 年台湾省教育主管机关颁布"普遍推行民俗体育活动"的指示,由时任台湾"省政府主席"的谢东闵先生倡议推广民俗体育运动,并将民俗体育列入各级运动会之中,其中跳绳、踢毽子、放风筝三个项目成为首批主要推广项目,并在1976年台南举办的台湾第一届民俗体育运动锦标赛进行开展。1977年9月台中举办的台湾第二届民俗体育运动锦标赛增设了扯铃(中国大陆北方称"抖空竹")和弹腿两个项目。1980年台湾省教育主管机关核定公布了"积极推展全民体育运动重要措施实施计划",积极推广国术(武术)项目的开展以及民俗体育训练中心的建立。1981年,台湾省教育主管机关举办"民俗艺术大展"。这十年是台湾民间体育发展阶段,主要在政策层面确立了民间体育的正式地位,确定将其纳入各级运动会之中,成立民俗训练实体和开发传播载体等。

1981年,时任台湾省"教育部体育司司长"的蔡敏忠先生率领成立由三十多人组成的"中华民国青少年访问团"访问大陆,开启了民俗体育两岸交流的大门。1982年台湾省教育主管机关修正公布了《"国民"体育法》,其中的第三条规定:"国民"体育,是台湾固有之优良体育活动,应加以提倡和推广。同年,台湾省教育主管机关公布了《文化资产保存法》,明确了民俗体育有必要开设研习班或传授班来加以推广。1983年台湾省政府颁布了《传统技艺实施计划》,开设班级开展各类民俗技艺研习活动。1984年台湾省教育主管机关发布了《加强维护及发扬民俗艺术实施要点》,加强了台湾民众对于民俗艺术的认识与传承意愿,大大提升了台湾民众民俗艺术水准。1985年台湾省教育主管机关发布了《"国民"体育法施行细则》,其中第三条规定:"优良体育活动是指国术及民俗体育活动",明确了范围。1986年台湾省行政主管机关召开"加强文化资产与观光事业结合实施计划全国行政会议"。这一时期是台湾民间体育发展的研究探索阶段,一方面不断拓展民间体育对外交流,将中华民俗文化发扬光大;另一方面积极探索民俗体育文化资产与观光事业结合的途径,确立了民俗体育推广的方向和目标。

1993年、1994年台湾省教育主管机关先后修正公布了"小学课程标准"和"中学课程标准",将民俗体育纳入日常的体育、团体活动、乡土教学活动等科目中,并在1996—1998年三年时间内,正式开始实施该两项标准。1998年台湾省教育主管机关还颁布了《原住民族教育法》,鼓励成立原住民族的民俗推广机构,训练原住居民的民族技艺和特殊技能。2000年台湾省教育主管机关发布了《发展学校民俗体育中程计划》。这一时期是台湾民间体育发展的提高阶段,台湾民间民俗体育真正落实到了学校基础教育及包括少数族群在内的全民参与的过程之中。

2001年台湾"体委会"(现"台湾教育部体育署")拟订了28项民间体育项目进行传承推广,分别为:(1)舞狮;(2)太极拳;(3)客家花鼓;(4)扯铃;(5)跳鼓阵;(6)宋江阵;(7)乡土童玩(包括滚铁环、跳房子、弹玻璃球、骑木马、斗蟋蟀等);(8)舞龙;(9)跑旱船;(10)踢毽子;(11)民俗特技;(12)踩高跷;(13)迎花鼓;(14)武术;(15)跳绳;(16)牛犁阵;(17)"原住民"体育(摔角、负重、秋千、拔河等);(18)气功;(19)车鼓阵;(20)流民拳;(21)放风筝;(22)八家将;(23)客家舞蹈;(24)布马阵;(25)"原住民"舞蹈;(26)元极舞;(27)骆驼;(28)划龙舟。2004年斥资147万新台币在台北市立"弘道国民中学"建成民俗体育运动资料馆。进入21世纪,台湾民间体育发展进入了成熟完善阶段,民俗体育内容不断被挖掘、丰富和完善,民俗体育活动形式日益多样,除传统的乡村神诞祭典、学校体育教育、传统技艺比赛中开展民俗体育活动之外,在民俗节会、体育竞赛开闭幕式、节日庆典、交流访问,甚至新店开张、楼馆落成、结婚生子等特殊场合和日常生活中均能见到民俗体育的身影。

目前,在台湾常年开展的民间体育重大活动项目主要有:高雄县内门宋江阵武林大会,宜兰头城和屏东恒春的中元抢孤大会,苗栗县、台北市、台中市的民俗体育运动锦标赛,新竹国际客家花鼓艺术节,台湾国际武术大赛,以及台湾少数族群——高山族举行的五年祭、丰收祭、祖灵祭、谷神祭、山神祭、猎神祭、结婚祭等祭祀活动。

五、闽台地理环境与民间体育的文化共性

地理环境是指一定社会所处的地理位置以及与此相联系的各种自然条件的总和,是包括地理位置、地形、气候、土地、水文、山脉、矿藏以及动植物资源等诸方面内容交互作用而形成的复杂系统,它不但涉及社会发展的自然环境层面,还涉及人类生产和生活的自然条件层面。① 换句话说,地理环境是人类活动的空间。

---

① "地理环境",百度百科〔EB/OL〕,http://baike.baidu.com/view/62144.htm.

陆地平面形状似一斜长方形的福建,土地总面积为12.4万平方公里,其东西方向最大间距约480公里,南北方向最大间距约530公里;大部分地区属中亚热带,闽东南部分地区属南亚热带,年均气温在17℃～21℃,沿海全年高于10℃;年降水量1400～2000毫米,从东南向西北递减;全省海岸线总长度达2841公里。福建境内有由闽江、九龙江、晋江、栏溪下游冲积而成的四大平原,分别为:福州平原、漳州平原、泉州平原、兴化平原;有闽西与闽中两大平行山带,闽西山带以武夷山脉为主,闽中山带从北至南分为鹫峰山脉、戴云山脉、博平岭。武夷山市西北部海拔2158米的黄岗山是福建最高峰。福建境内水系丰富,水文复杂,大部分河流落差较大且水流湍急。全省林地面积达617.9万公顷,森林覆盖率为63.1%,位居全国之首。

陆地平面形状酷似纺锤(也有形容像番薯)的台湾岛,全岛跨热带和亚热带两个气候带,大部分地方年平均气温22℃左右,年降水量2000毫米以上,四面环海。遍布台湾的有三大盆地、四大平原和五大山脉(中央山脉、雪山山脉、玉山山脉、阿里山脉和台东山脉),每条山脉从东往西如卧龙一般平行伏卧于台湾东部和中部大部分地区。台湾有海拔超过3000米以上的高峰多座,其中海拔达3997米的玉山主峰为台湾最高峰。森林面积约占台湾全境面积2%,有声名显赫的三大林区:台北太平山、台中八仙山、嘉义阿里山。

闽台两地的地理环境具有相似的特征,都是濒海而居,境内山地丘陵较多,水文复杂,地形多样,古时交通十分闭塞。闽台两地的居民因类似的地理特征及海洋气候,长期以来受农耕民俗和海洋民俗文化影响,构成同一风俗区。福建、广东是距台湾海岛最近的地区。因此,福建、广东人大凡想讨生活外迁,首选地区就是台湾。据相关资料显示,现居台湾的福建人占台湾总人口的74%,而闽南人占台湾福建人的95%以上。由此可见,台湾民间民俗体育很大程度上是闽南民俗的衍生民俗,与闽南民间体育同祖同源。在民间体育文化方面,主要表现出小区域性、同源性、频繁性、多元化的特点。

1. 小区域性

闽台民间体育"小区域性"的现象普遍。它是指一种民俗体育活动只局限于某一个地域范围,超出这个范围,就基本不开展或无人问津,甚至无人知晓。例如"挖大旗竹"这一祭祀清水祖师"迎春巡境"程序中的一个习俗环节和民间体育形式,只在农历正月时于泉州安溪县蓬莱镇一带开展;具有上千年历史的民间体育形式——"汉族泼水",只在农历正月期间于漳州市九湖镇林前村流传;用于普渡众生、消灾解厄的民间体育形式——"中元抢孤",在台湾也只流行于宜兰县头城镇和屏东县恒春镇的农历七月中元节日中。

2. 同源性

台湾很多人是闽南人后裔,这一血缘背景形成的割舍不掉的血亲、姻亲、族亲关系,使得闽台两地保持着深厚的"原乡意识"和"祖籍观念"。这种意识和观念也促使他们在人格品质和个人行为上依然保持着与迁出地同源、相似和延续的种种体现。闽台民间体育"同源性"特点也同样典型,例如在祭祀福建同安白礁乡(今龙海角美白礁村)保生大帝吴真人信仰活动中常出现的一种名叫"抬阁"("蜈蚣阁")的民间体育形式,除在厦门海沧、漳州等闽南地区流行外,在台湾地区祭祀保生大帝信仰活动中也必然会存在;具有闽南地区古闽越族原住居民舞蹈遗风的民间体育形式——"拍胸舞",在台湾、金门等地区的民间迎神赛会和踩街活动中也会经常看到。

3. 频繁性

台湾岛内的民俗活动相当频繁,一年中几乎天天有各式各样的民俗活动。作为其民俗活动重要来源地,福建地区民俗活动也十分频繁,仅从岁时年节习俗中的民间体育形式开展情况就能窥见一斑。

在春节至元宵节(农历正月初一至正月十五)期间,常开展的民间体育活动有"舞龙舞狮"、"龙艺"、"板凳龙"、"稻草龙"、"矮子龙"、"开口狮"、"闭口狮"、"北狮"、"醒狮"、"采茶灯"、"莲花灯"、"攻炮城"、"上刀山、下火海"、"走古事"、"红龙缠柱"、"游花灯"、"打船灯"、"玩鱼灯"、"拔烛桥"、"汉族泼水"等。

在端午节(农历五月初五)期间,常开展的民间体育活动有"龙舟竞渡"(赛龙舟、扒龙舟)、"抓鸭子"、"抓金猪"、"海上泼水"等。

在七夕节(农历七月初七)期间,常开展的民间体育活动有"赛穿针、比引线"、"赛蛇神"等。

在中元节（农历七月十五）期间，常开展的民间体育有"抢孤"等。

在中秋节（农历八月十五）期间，常开展的民间体育活动有"中秋会饼博状元"等。

在重阳节（农历九月初九）期间，常开展的民间体育活动有"登高"、"赏菊"、"放风筝"等。

另外，在南平城关二月二十一日举行的蜡烛会活动中有名为"赛佛"的民间体育活动；宁德畲族每年在传统节日中，均举行"登高盘歌"民间体育活动，尤以每年农历六月初一登白云山最具规模。

4. 多元化

从民间体育形式存在的重要载体——民间信仰、宗教等方面足以看出，闽台民间体育还具有多元化的共性：在民间信仰上，福建民间神祇就包括何九仙、马天仙、开漳圣王、灵安尊王、广泽尊王、扣冰古佛、清水祖师、三平祖师、临水夫人、保生大帝、天上圣母妈祖等，动植物信仰包括蛇、蛙、龟、榕树、虎、狮崇拜等；台湾民间神祇包括妈祖、关公、王爷、城隍、土地公、有应公、保生大帝、玉皇大帝等。在宗教方面，闽台教派众多，佛教、道教、天主教、基督教、伊斯兰教均能在此觅到踪影。加之闽台移民文化的影响和强势民俗文化的缺失，都使得闽台民间体育多元化的特点不可避免。

如：在具有民间信仰习俗的体育形式中有为祭祀三平祖师的"过火"、为祭祀张天师的"踩火"、为祭祀清水祖师的"挖大旗竹"、为祭祀妈祖的"摆棕轿"和"耍刀轿"、为祭祀保生大帝吴真人的"抬阁"等。

在具有纪念节日习俗的体育形式中有为纪念南宋抗元名臣文天祥、张世杰、陆秀夫为国捐躯的"三公落水操"；为纪念陈元光、郑成功出现的迎神赛会化妆操舞表演形式的"宋江阵"；为纪念戚继光的"大鼓凉伞"；为纪念隋代谏议大夫、开山大祖黄鞠公的"霍童线狮"；为纪念畲族英雄蓝凤高演化而成的"打尺寸"；为纪念先辈们在郑成功收复台湾战争中的英雄壮举，并为壮士传宗接代祈福的建瓯"挑幡"等。

在具有农业节日习俗的体育形式中有"竿球比赛"、"斗茶"、"劈蔗"、"赛大猪"、"斗牛阵"、"舞香龙"、"舞龙灯"等。

六、闽台民间体育的价值与作用

1. 闽台民间体育的文化遗产价值

文化遗产是一个国家和民族长期历史积累而形成的物质和精神文明财富,是一个国家和民族生命力、想象力和创造力的体现,代表着各民族特有的精神价值、思维方式和行为准则,是各民族智慧的结晶。[①] 文化遗产作为承载历史文化积淀、见证民族发展轨迹、联系人类文化感情、促进社会群体认同的重要符号和象征,具有时代性、不可复制性、不可再生性和不可替代性,是一个国家、一个民族历史文化成就的重要标志。联合国教科文组织将文化遗产分为物质文化遗产和非物质文化遗产两类,其中非物质文化遗产是指各民族人民世代相承的、与群众生活密切相关的各种传统文化表现形式(如民俗活动、表演艺术、传统知识和技能,以及与之相关的器具、实物、手工制品等)和文化空间。[②] 其范围主要包括了在民间长期口耳相传的诗歌、神话、史诗、故事、传说、谣谚;传统的音乐、舞蹈、戏剧、曲艺、杂技、木偶、皮影等民间表演艺术;广大民众世代传承的人生礼仪、岁时活动、节日庆典、民间体育和竞技,以及有关生产、生活的其他习俗;有关自然界和宇宙的民间传统知识和实践;传统的手工艺技能;与上述文化表现形式相关的文化空间(指集中开展民众传统文化活动的地点,或定期展现特定事件的时间。这种时间和空间因其传统文化表现形式的存在而存在)。[③]

闽台民间体育是闽台地区非物质文化遗产的重要内容之一,是促进闽台同一风俗区民俗文化传承,维护文化多样性,联结闽台民众情感纽带,增进闽台两地人民团结、社会稳定,维护国家统一的重要文化基础,具有较重要的文化遗产价值。

---

① 陈俊东:《文化遗产的价值分析及其保护路径》,《湖北日报》,2007 年 5 月 24 日。

② "非物质文化遗产",百度百科〔EB/OL〕,http://baike.baidu.com/view/11090.htm。

③ 文化部:《我国非物质文化遗产保护工作的基本情况》,2005 年 4 月 26 日文摘。

(1) 历史文化价值

闽台民间体育是在福建、台湾特殊地理区域内，一定历史条件下产生并发展起来的民俗项目，反映了福建和台湾两地当时的自然生态状况和社会发展状况，具有一定的历史文化价值。这次调查以及调查资料的出版使闽台民间体育所烙上的时代印记得以用文字记录下来，弥补了过去文字记载中语焉不详、真假难辨的缺陷，成为证实福建和台湾两地历史文化的确凿资料；闽台民间体育包含着真实、丰富、具体存在的历史文化信息，现在能客观、详尽记录下来，可以补全闽台历史文献、史籍和史料的记述缺失，一定程度上是对闽台历史文化片面或错误认识的弥补和纠正，进一步丰富了闽台历史文化的价值；闽台民间体育作为今人可以接受、模仿、学习、感悟和实践的活态性遗产，可传承闽台历史文化中的有声形象和鲜活记忆。

(2) 艺术审美价值

艺术审美是人们对现实生活进行审美反映和审美创造的活动过程，在这一过程中人们在观赏客观对象时因其形态、色彩、声音、质地等内在和外在的各种表现所引起的美的感受和知觉就是审美感知，它显性反映出客观对象的审美价值。闽台民间体育在经历艺术洗礼的传承过程中，其本身就是不断追求美的产物，观赏者在欣赏和观看的感知过程中必定会引起自身心理上和情感上的体悟和验证，体验到运动身体、释放情绪、调节心情、品味乐感、享受闲适、恣意娱乐、表达愿望等多方面的心灵快感。

(3) 科学研究价值

闽台民间体育当中蕴含着大量已知或未知的历史信息，能反映出当时的社会发展状态、生产力发展水平、科学技术实力和个人知识能力等。闽台民间体育作为一种动态的、活性的、有声的"文献史料"，以活态传承的形式，为今天的科研工作提供了弥足珍贵的历史研究资料。闽台民间体育中所使用的各种道具、器材、装备等的工艺制作、使用方法和操作技能体现着科学知识的有效应用，其中蕴含的大量增强体质提高人的生命素质的创造性成果和技术性价值，值得后人不断搜集、积累、整理、比较、分析和研究。

(4)思想教育价值

闽台民间体育从古至今所反映的重要思想线索和教育价值是多方面的,总的来说体现在政治、军事和哲学三大方面。从政治方面讲,闽台民间体育中所呈现的社会风俗和礼仪特征,乃至组织形式、寓意内容、器械道具、操弄工具、服饰装扮等都是体现民众的政治思想的丰富材料,还在一定程度上反映出当时统治阶级的政治思想,让人领略到当时朝代帝王或地域统治者的统治意愿。从军事方面讲,闽台民间体育众多活动中蕴含着丰富的军事思想和深谋远虑的军事策略,其中就包括安于忧患、知己知彼、有备无患、守坚攻速、远近照应等诸多谋略。从哲学角度讲,闽台民间体育中表达出的众多不同的人生观、宗教观、伦理观、宇宙观等方面的哲学思想以及儒家、道家等先秦诸子的文化观念,在今天仍然能够发挥启迪思想的功能,只是因不同体育形式种类、特性、规模、功用、受众等的不同,而会有深浅不同和显隐有别的感受而已。

(5)经济开发价值

闽台民间体育作为闽台地区历史悠久且各具特色的民俗形态,本身就是一种"稀世之物"。目前,许多地方将本地区的民俗体育作为本地品牌特色加以打造,正是对其经济价值的实现,以旅游、代言、商标等形式进行包装宣传和品牌推广,是对闽台民间体育经济价值的有效开发。旅游业堪称是能源消耗少、没有污染公害的"无烟工业",是社会经济发展转型的重要产业。闽台民间体育特有的观赏性和参与性,使其成为可吸引广大游客的旅游资源,带动当地饮食、交通、住宿、游乐、购物等相关产业链的快速发展。闽台民间体育的文化品牌特色与旅游资源价值共同构成了闽台民间体育的经济开发价值。

(6)社会发展价值

民俗民风源自生活,是民族识别的重要标志。带有民俗特性的民俗风物比起许多现代产品来说更具有社会流行力量,对于习惯于追根溯源、落叶归根的人类来说,对民俗事物的本源性会自发地产生怀旧情结和归属感,会使自己努力去寻求一些民俗项目来满足自身心理的需要,一旦接触到心有所属或感情认同的民俗项目,会爱不释手。闽台民间体育作为闽台民俗文化的重要资源之一,已经吸引众多民众和民间团体的追随,对满足人们日益增长的文化需求,促进闽台地区社会和谐发展都有一定的正能量功效。因此,闽台民间体育具有社会发展的遗产价值。

2.闽台民间体育文化产业的可开发性论证

20世纪初,文化产业(Culture Industry)一词最早由霍克海默和阿多诺在《启蒙辩证法》一书中提出。联合国教科文组织把文化产业定义为:按照工业标准,生产、再生产、储存以及分配文化产品和服务的一系列活动。各个国家对于文化产业的理解是不尽相同的。2003年9月,中国文化部制定下发的《关于支持和促进文化产业发展的若干意见》,将文化产业界定为"从事文化产品生产和提供文化服务的经营性行业"。文化产业是与文化事业相对应的概念,两者都是社会主义文化建设的重要组成部分。2004年,国家统计局将文化及相关产业的界定为"为社会公众提供文化娱乐产品和服务的活动,以及与这些活动有关联的活动的集合"。由此,形成了我国对文化产业的基本界定:文化产业是文化娱乐的集合,区别于国家具有意识形态性的文化事业。文化产业,作为一种特殊的文化形态和特殊的经济形态,是以生产和提供精神产品为主要活动,以满足人们的文化需要为主要目标的一个产业,包括文化意义本身的创作与销售等多方面。① 目前,将闽台民间体育进行文化产业化开发,具备了一定的条件。

(1)政策方面

2011年胡锦涛总书记"七一"重要讲话中谈道:"我们必须以高度的文化自觉和文化自信,着眼于提高民族素质和塑造高尚人格,以更大力度推进文化改革发展,在中国特色社会主义伟大实践中进行文化创造,让人民共享文化发展成果。"由此深化文化体制改革,加快发展文化产业,拓展文化产业的发展空间,全面提升文化软实力、文化竞争力和文化持续发展能力等文化产业方面的政策性向导进一步明朗。

事实上,进入新世纪以来,我国的文化产业政策就已开始逐步得到重视,政策建设越来越完善,政策层次越来越丰富,政策类型越来越齐全,当

---

① "文化产业",百度百科〔EB/OL〕,http://baike.baidu.com/view/40273.htm。

中既有中央颁布的政策,也有地方颁布的政策;既有总体性政策,也有行业性政策。

新世纪以来我国中央及地方政府颁布的部分文化产业政策[①]

序号	名　　称	文件类别	发布机关	颁布实施日期	文号
1	文化产业发展第十个五年计划纲要	规范性文件	文化部	2000.1.1	
2	文化部关于支持和促进文化产业发展的若干意见	规范性文件	文化部	2003.9.4	文产发〔2003〕38号
3	关于加快电影产业发展的若干意见	规范性文件	国家广电总局(广播电影电视部)	2004.1.8	广发影字〔2004〕41号
4	国家统计局关于印发《文化及相关产业分类》的通知	规范性文件	国务院其他部委	2004.3.29	国统字〔2004〕24号
5	关于加快浙江影视产业发展的若干意见	规范性文件	地方政府和部门	2004.8.6	浙广局发〔2004〕143号
6	甘肃省人民政府关于加快和促进文化产业发展的意见	规范性文件	地方政府和部门	2004.10.12	甘政发〔2004〕65号
7	文化部关于鼓励、支持和引导非公有制经济发展文化产业的意见	规范性文件	文化部	2004.10.18	文产发〔2004〕35号
8	文化部关于命名文化产业示范基地的决定	规范性文件	文化部	2004.11.10	文产发〔2004〕43号
9	国务院关于非公有资本进入文化产业的若干决定	规范性文件	国务院(国务院办公厅)	2005.4.20	国发〔2005〕10号
10	河北省人民政府关于非公有资本进入文化产业的实施意见	规范性文件	地方政府和部门	2005.6.6	冀政〔2005〕53号

---

① 文化政策图书馆,http://www.cpll.cn。

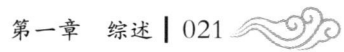

续表

序号	名称	文件类别	发布机关	颁布实施日期	文号
11	关于大力发展文化产业的意见	规范性文件	地方政府和部门	2005.8.24	豫文产业〔2005〕4号
12	陕西省人民政府贯彻国务院关于非公有资本进入文化产业若干决定的实施意见	规范性文件	地方政府和部门	2005.11.3	陕政发〔2005〕35号
13	湖南省人民政府关于非公有资本进入文化产业的意见	规范性文件	地方政府和部门	2005.11.17	湘政发〔2005〕26
14	重庆市人民政府关于加快创意产业发展的意见	规范性文件	地方政府和部门	2006.10.27	渝府发〔2006〕128号
16	国家"十一五"时期文化发展规范纲要	规范性文件	国务院（国务院办公厅）	2006.9.13	
17	厦门市文化产业基地和文化产业集聚区认定暂行办法	规范性文件	地方政府和部门	2009.8.1	厦府办〔2009〕202号
18	厦门市促进文化产业发展财政扶持政策实施细则	规范性文件	地方政府和部门	2009.8.14	厦府办〔2009〕218号
19	关于加快文化产业发展的意见	规范性文件	地方政府和部门	2009.4.13	闽委办发〔2009〕3号
20	关于加快文化产业发展的指导意见	规范性文件	文化部	2009.9.10	文产发〔2009〕36号
21	文化产业振兴规划	行政法规	国务院（国务院办公厅）	2009.9.26	
22	文化部关于加强文化产业园区基地管理、促进文化产业健康发展的通知	规范性文件	文化部	2010.6.9	文产涵〔2010〕1169号
23	国家"十二五"时期文化改革发展规划纲要	规范性文件	国务院（国务院办公厅）	2012.2.15	
24	文化部"十二五"文化改革发展规划	规范性文件	文化部	2012.5.8	文政法发〔2012〕13号

续表

序号	名称	文件类别	发布机关	颁布实施日期	文号
25	文化部关于鼓励民间资本进入文化领域的实施意见	规范性文件	文化部	2012.6.28	文产发〔2012〕17号
26	文化部"十二五"文化科技发展规划	规范性文件	文化部	2012.9.12	办科技发〔2012〕18号

值得一提的是，2009年福建省委办公厅、省人民政府办公厅联合出台《关于加快文化产业发展的意见》，明确提出，到2012年，福建全省将形成10大主导文化产业群；到2020年，福建全省文化产业将在国际市场上占有一定份额，总体实力进入全国前列。由此可见，进行闽台民间体育的文化产业化开发，在中央、地方和行业层面都具有相当支持的政策环境。

(2) 区位方面

福建实施"海西"建设发展战略以来，闽台两地的文化交流和发展呈现出新一轮良好的发展态势，闽台两地的文化基础设施建设得以快速发展，文化产业从零星散落产业到产业化渐成气候，文化产业配套能力也大为改善，这些都使得闽台两地的文化认同与文化区位优势逐步显现。近几年，以传承中华文化为载体，以促进闽台祖源文化、民间文化交流为重点，推动闽台文化全方位、宽领域、多层次、互动化开展的闽台两岸文化交流重要基地的建立，都为闽台民间体育文化产业化开发提供了有利条件。

(3) 资源方面

课题组在田野调查中，共整理、发现、归类出有民俗特点的民间体育形式计8大类别70多项，类别包括健步体能类、竞速体能类、杂耍表演类、操舞表演类、投掷瞄准类、棋艺娱乐类、游戏竞赛类、武术健身类等，涉及民间信仰习俗、节日习俗（年节习俗、纪念节日习俗、农业节日习俗）、生活习俗（喜庆娱乐、健身自卫、卖艺表演）、劳动习俗等不同层面。本次调查开展面广，涉及面大，调查内容复杂，调查成果翔实，做到了心中有数，为闽台地区有史以来的第一次，为闽台民间体育的文化产业化开发准备了必要的前提。

(4)市场方面

当前,我国的文化体制进入大调整、大整合的时期,文化产业发展正从自发阶段转向自觉、自信阶段,文化资源配置已经逐步迈入了市场化发展的轨道。当前文化市场的趋势是文化与旅游相结合,以文化提升旅游内涵,以旅游扩大文化传播和消费的规模。借助于旅游市场开发的有利时机,着力进行地方特色民俗体育文化旅游项目和民俗体育文化旅游系列活动品牌的打造,是闽台民间体育文化产业开发的可行途径。

(5)资金方面

在2009年福建省提出的《关于加快文化产业发展的意见》文件中就强调,要"认真贯彻国务院和省政府已颁布实施的支持文化产业发展的各项优惠政策,明确提出财政、税收、金融、土地等相关扶持文化产业发展的配套政策"。在2012年中国文化金融创新峰会上,文化部文化产业司司长刘玉珠也透露,"文化和金融合作的共识已经形成,财政资金支持文化金融的新模式正在研究制定和准备出台中"。截至2012年12月,在文化部与各银行机构合作的机制下,已实现重点信贷融资项目97项,文化产业信贷余额累计210.96亿元。[①] 可见文化产业的资金获取渠道已得到有效拓展,闽台民间体育产业化开发的资金保障是有条件实现的。

3.闽台民间体育产业开发的前期项目分析

闽台民间体育的产业开发早在多年以前就已付诸实践,形成了一些影响力较大、较为成功的案例。例如赛事产业方面,一年一度的"嘉庚杯"、"敬贤杯"国际龙舟邀请赛,厦门中秋博饼节状元王中王大赛;文化节方面,有石狮蚶江端午闽台对渡"海上泼水"文化节,厦门郑成功文化节,莆田妈祖文化节,台湾高雄内门宋江阵文化节,台湾新北市妈祖文化节等。台湾对于民俗体育产业化进行开发的时间要更早一些,他们通过赛事和文化节这种载体,在推动民俗体育文化传承的同时,取得了一定的经济效益和社会效益。对于资源内容丰富、类型多样的闽台民间体育事业而言,其文化产业化开发的思路可以进一步拓宽。

---

① 朱宝琛:《财政资金支持文化金融新模式正在研究中》,《证券日报》,2012年12月17日版。

比方说，在竞赛方面，可根据闽台民间体育不同分类的特点，开展综合性民俗体育赛事。例如，健步体能类和竞速体能类的民俗体育形式可以在保留各自原有民俗风貌特征的基础上，确定好基本时间规则和统一完成尺度，开展民俗纵走系列挑战赛；对于表演道具多样的操舞表演类民俗体育形式，如舞龙、舞狮，可将代表不同民俗特点的龙（板凳龙、稻草龙、矮子龙、香龙）、狮（开口狮、闭口狮、醒狮、北狮）道具合一比试，还可开展民俗健身武术比赛；对于部分民俗体育特点突出的项目，亦可进行单一项目赛事的深度开发。在文化节庆方面，要坚持持续开展、精品打造的原则，同时要注重加大对民间体育文化特点的宣传及相关商标品牌的注册。就各类闽台民间体育形式中的特定形象，还可进行动漫画、模型类设计，突出艺术化的再创造，由此形成一系列具有民俗体育元素的工艺伴手礼、玩偶或动漫影片，也是闽台民间体育文化产业化的一些可行途径。

七、闽台民间体育分类

体育的分类是以体育的本质属性为准则，将体育领域中各种表现形式的活动依据一定的分类标准进行区别并确定其归属。它既是高度学术性的科学思辨活动，也是实际体育工作中具有实践意义的指导性理论。[①]

具体谈到闽台民间体育的分类，依据大致有两种：

1. 按闽台民俗文化发展历史和本质特点，闽台民间体育形式可分为：民间信仰习俗中的体育形式、节日习俗中的体育形式（包括年节习俗中的体育形式、纪念节日习俗中的体育形式和农业节日习俗中的体育形式）、生活习俗中的体育形式（包括喜庆娱乐中的体育形式、健身自卫中的体育形式、卖艺表演中的体育形式）、劳动习俗中的体育形式。

这次调查总结出的体育形式，可具体归类为：

民间信仰习俗中的体育形式：过火、踩火、挖大旗竹、摆棕轿、耍刀轿、抬阁等。

年节习俗中的体育形式：舞龙舞狮、龙艺、板凳龙、稻草龙、矮子龙、开

---

① 颜天民、熊焰等：《体育概论 体育史 奥林匹克运动 体育法规》，广西师范大学出版社2000年版，第45页。

口狮、闭口狮、北狮、醒狮、采茶灯、莲花灯、攻炮城、上刀山、下火海、走古事、红龙缠柱、游花灯、打船灯、玩鱼灯、拔烛桥、汉族泼水、龙舟竞渡（赛龙舟、扒龙舟）、抓鸭子、抓金猪、海上泼水、赛穿针、比引线、赛蛇神、抢孤、中秋博饼、赏菊、放风筝、荡秋千、赛佛、登高盘歌、背篓球等。

纪念节日习俗中的体育形式：三公落水操、宋江阵、布马阵、大鼓凉伞、八家将、霍童线狮、打尺寸、建瓯挑幡等。

农业节日习俗中的体育形式：游田了、跑火、赤脚踏火、竿球比赛、斗茶、劈蔗、赛大猪、斗牛阵、舞香龙、舞龙灯、游大粽、游金瓜棚、推轿斗力、牛犁阵、客家花鼓等。

喜庆娱乐中的体育形式：踩高跷、搬铁枝、肩膀戏、斗牛、猴子占柱、虎抓羊、猴子抢蛋、扯铃、踢毽子、跳绳等。

健身自卫中的体育形式：五祖拳、狗拳、白鹤拳、南少林鹤鸣二十八宿、南少林三十六宝、南少林刀棍、金斗洋畲拳、连城拳、流民拳、元极舞等。

卖艺表演中的体育形式：跳鼓舞等。

劳动习俗中的体育形式：打枪担等。

2.按体育形式表现特点和功能价值特征，闽台民间体育形式可分为健步体能类体育形式、竞速体能类体育形式、杂耍表演类体育形式、操舞表演类体育形式、瞄准投掷类体育形式、棋艺娱乐类体育形式、游戏竞赛类体育形式、武术健身类体育形式。具体为：

健步体能类体育形式：挖大旗竹、抬阁、龙艺、走古事、游花灯、赛蛇神、登高盘歌、游田了、游大粽、游金瓜棚等。

竞速体能类体育形式：赛佛、过火、踩火、龙舟竞渡、跑火、赤脚踏火、推轿斗力等。

杂耍表演类体育形式：摆棕轿、耍刀轿、上刀山、下火海、抢孤、霍童线狮、踩高跷、搬铁枝、肩膀戏、建瓯挑幡等。

操舞表演类体育形式：舞龙舞狮、板凳龙、稻草龙、矮子龙、开口狮、闭口狮、北狮、醒狮、采茶灯、红龙缠柱、打船灯、玩鱼灯、拔烛桥、三公落水操、宋江阵、大鼓凉伞、八家将、斗牛阵、牛犁阵、布马阵、舞香龙、舞龙灯、跳鼓舞、打枪担、客家花鼓等。

游戏竞赛类体育形式：汉族泼水、赛穿针、比引线、赏菊、放风筝、抓鸭子、抓金猪、海上泼水、打尺寸、斗茶、劈蔗、赛大猪、斗牛、猴子占柱、虎抓羊、猴子抢蛋、扯铃、踢毽子、跳绳、放风筝、荡秋千等。

武术健身类体育形式：五祖拳、狗拳、白鹤拳、南少林鹤鸣二十八宿、南少林三十六宝、南少林刀棍、金斗洋畲拳、连城拳、流民拳、元极舞等。

瞄准投掷类体育形式：攻炮城、竿球比赛、背篓球等。

棋艺娱乐类体育形式：中秋博饼等。

本书第二章将按照第二种分类方式即按体育形式表现特点和功能价值特征逐一进行介绍。

第二章
健步体能类民间体育项目

健步体能类民间体育项目是对具有以"健步走"运动方式为主要特点，持续开展时间较长或距离较远的民俗活动的总称。

早在几千年以前，在中国中医理论中，"健步走"就被认定为是预防和治疗疾病的良药。现代医学也证实，规律、适度的"健步走"，对人体的大脑、心脏、胃肠以及四肢关节部位有许多健康功效。

一、挖大旗竹

"挖大旗竹"是泉州安溪县蓬莱镇一带在农历正月祭祀清水祖师进行"迎春绕境"程序中的一个习俗环节，是民间信仰中的体育民俗部分，是该仪式中的关键环节和重要组成部分。"大旗竹"贯穿于清水祖师巡境习俗的始终，是其活动开展的核心要素和必备道具。"挖大旗竹"的过程主要包括拈大旗、挖掘大旗竹、封大旗、扛旗巡境、倒旗接头这五个重要环节。

1. 拈大旗

根据习俗规定，由当地当年轮值的上、中、下三庵堂的三个佛头股的"头人"于前一年的农历三月初一这一日在中庵堂的佛头厝"信杯"投卜后进行的一项仪式。主要以通过抓阄的方式确定三个佛头股的各自分工和角色，其中中得"扛大旗"这一上上签的佛头股最为幸运，同时也代表着一种荣誉，因为只有拈得"扛大旗"签的佛头股才能拥有在"迎春绕境"中擎起大竹旗的权利。

据调查，"拈大旗"仪式中的抓阄由清水岩寺僧人主持，清水岩管委会也会到场，事先准备规格相同的红纸3张，在三庵堂佛头股三个"头人"的监管下，当众写下阄名："扛大旗"、"车鼓亭"、"神前吹"，装入竹签筒内进行抓阄。抓阄顺序为顶庵堂——中庵堂——尾庵堂。顶庵堂的"头人"抓阄时,由中庵堂的"头人"负责捂住竹筒口,顶庵堂的"头人"只能用一双小竹筷从其掌缝中夹拈,随后交给僧人当众解开宣布;若拈得"扛大旗"阄,竹筒内的"神前吹"和"车鼓亭"两阄便可倒出让中庵堂和尾庵堂随意拈取;若未拈得,中庵堂的"头人"抓阄,尾庵堂的"头人"负责捂住竹筒口,循上进行;若又未拈得,"扛大旗"阄自然让尾庵堂获得。

2. 挖掘大旗竹

"扛大旗"的佛头股在当年的农历正月初二,推选出一名"旗头"和"旗手"带领本股村民去指定地点进行竹旗的挖掘。挖掘前要按俗例备"茶壶鸡酒饭"祭祀守护大竹旗的土地公。挖掘的大旗竹长度大概三丈六尺,运回佛头厝悬吊于顶梁,期间严格小心看管,不许任何人跨踏。

据调查,挖掘地点几经调整,最早是在佛仔格(今魁斗镇佛仔格村),清朝嘉庆年间改在蓬源殿(今魁斗镇镇西村境内)下竹丛间。2010年1月31日(农历己丑年十二月十七日),改在顶庵堂溪南林内苏水源信士的竹丛内。台湾新竹县竹北市义民庙每15年(一个分庙一年一次轮办)一次的义民祭,在办节祭的头一天,择吉时上山去事先已踩点好的地方挖竹。据本调查组现场跟踪考察,2012年七月半的台湾新作义民节是在凌晨4点上山挖竹,三根竹最长约15米,径口13厘米,运回庙里,由男人竖杆、祭典,参加者统一动作。

挖竹旗

旗布

3. 封大旗

巡境习俗活动的"开香日"要进行封旗仪式，原挖掘的三丈六尺长的大旗竹要减三尺，即正大旗竹实长三丈三尺。封旗时除了进行一些常规的祭祀外，还会特意在竹子中放入神符、种子和文房四宝等，盖上红布，并用二丈八尺的旗布进行包裹，旗布上印有"敕封昭应广惠慈济善利大师菩萨"大字。

4. 扛旗巡境

它是整个过程中持续时间最长，也是最为重要的一个环节。扛旗巡境要进行三天，路线按古例规定的原道行走，分别会绕经顶庵堂、中庵堂和尾庵堂的地界。由"扛大旗"佛头股的十多个"护旗手"扛着裹了旗布的"大竹旗"走在最前，随后有横彩、大灯、大板牌、大锣、鼓乐队、古装戏乐队等，以及抬着供奉了"圣旨牌"、"契母妈"（相传为清水祖师的母亲）和清水祖师金身的大辇轿和大凉伞。各地虔诚的善男信女们紧随其后，成群结队，手拈"心香"，一路"随香"护驾，队伍浩浩荡荡，时而半走半停，时而急步前进，景象颇为壮观。

扛旗巡境开始

5. 倒旗接头

"散香日"那天要进行倒旗接头仪式。三庵堂的"头人"须聚集在尾庵堂的佛头厝商量分旗杆和旗布事宜，一般均分为三段，分给三个佛头股的人们,人们普遍认为分得的旗杆和旗布具有祖师的灵气,能带来好运,会将它们供奉在自家的神坛上。

立旗

"挖大旗竹"习俗围绕大旗竹这一重要载体,遵循有关程序,进行了负荷健步行走,且持续一段时间,参与人数众多。从基本程序上看,"挖大旗竹"习俗活动过程中有分组与立规则、选日与抽签(拈大旗)、器材选取(挖掘大旗竹)、器材装备(封大旗)、活动开展(扛旗三日巡境)、活动整理(倒旗接头)等步骤,使得活动有条不紊地开展。扛旗三日巡境中护旗手们扛着大竹旗,身负一定重量,走跑结合巡游较长路线,并带动众多随香人员一同进行,在庄严的气氛中不知不觉地完成,身心锻炼的效果突出。"挖大旗竹"习俗活动每年开展一次,深受当地民众的喜爱和欢迎。

二、抬阁

"抬阁"中的"阁"是指"蜈蚣阁",又称为"龙图"、"龙阁"、"凤阁"。这个活动由旧时迎神化装游行转变而来,成为现今民俗游艺踩街活动的主要形式之一,主要流传在厦门、漳州等闽南地区以及台湾地区祭祀保生大帝——吴真人的信仰活动中,是民间信仰民俗中的体育民俗部分。

蜈蚣阁

"龙"头 　　　　　　　"龙"尾 　　　　　　　阁棚

"蜈蚣阁"的首尾分别装有类似"蜈蚣"(或者"龙")的头和尾巴,阁棚(即蜈蚣的身体部位)是由二十节至上百节不等的长2米、宽1米的木板组合而成的。阁棚与阁棚之间是用活榫相接的,可以自由转动。在头尾以及衔接处各横穿一根木棍,向左右两边延伸出来,便于肩扛。扛抬"蜈蚣阁"的人一般会身着统一的红色服装,寓意"蜈蚣脚"。每块阁棚上还会搭制一个用竹条编扎出的椅子,以供身着古装、扮演历史人物的孩童坐骑。

坐上"蜈蚣阁"的孩童会摆出各种造型姿态,有的孩童还进行弹唱演奏。

"蜈蚣阁"的制作颇有讲究,需要木艺、竹篾技艺、扎纸技艺等工种的相互结合与运用。制作"蜈蚣阁"的工艺较为复杂,工作量大,耗时半个月以上。

大致步骤为:

1. 用喜庆的红色绳子将长短不一的竹条捆扎成阁棚,并架在木板上,将竹椅也用红绳捆扎固定好,用竹条扎出阁楼的形状。

2. 由扎纸的师傅将事先裁剪好的各种造型的彩纸粘贴在竹条上。

制作工艺

3. 在竹阁的柱子或者顶部挂上灯笼、彩色绸带等物品进行装饰。

调查中发现的世界纪录:2012年5月5日,在厦门海沧区阿罗海广场,中国非物质文化遗产项目——厦门海沧蜈蚣阁以"阁棚"全长120节,376米的长度创下了世界最长的蜈蚣阁纪录。此前的纪录由台南学甲慈济宫蜈蚣阁保持,全长108节,204.53米。①

"阁棚"虽是用竹条编制而成的,但其底座是木板,再加上装饰物及孩童的体重,整个"阁棚"重量不轻,每节达上百斤。每节"阁棚"需要由4个人扛抬,长时间扛抬着"阁棚"游走,需要有较强的耐力和负重能力,对身体各个部位肌肉有很好的锻炼效果。在"抬阁"民俗活动中,后面通常会跟随着一大群随香人群徒步游行,这是"健步走"的另外一种具体表达形式,对参与者起到锻炼身体和愉悦心情的作用。"抬阁"民俗活动充满了浓郁的乡土人情味,展现出参与人的质朴情怀,又表现出参与者团结奋进的体育精神。

---

① 海沧蜈蚣阁创世界纪录协会世界纪录[EB/OL],中国广播网,http://vip.gocheck.cn/enterprise/document/detailWebHighlight.action? dectResultId=5086944。

厦门海沧蜈蚣阁(全长120节,376米)

三、走古事[①]

"走古事"为客家人闹元宵的盛大活动,在连城罗坊、永定抚市等地方流行,是节日民俗中的体育民俗部分。

1. 罗坊"走古事"

每年的正月十四和十五是福建龙岩市连城县罗坊乡罗坊村走古事的节俗。相传古代当地常闹旱灾和涝灾,到了清朝,罗氏十四祖才徵公(科举举人出身,后任湖南武陵县知县)在卸任返梓后,为祈风调雨顺、国泰民安,兼兴民间娱乐活动,把流传于湖南的走古事移授乡梓,自此流传至今。

"古事棚"的设置:按房族为单元,一族一棚。棚内有两位本族男童按戏曲人物装扮,一人装扮主角,一人装扮护将。在总共七棚的古事棚中,领头的是天官和武将,紧随其后的是历代文臣武将,包括刘邦和樊哙、刘备和孔明、周瑜和甘霖、李世民和薛仁贵、杨六郎和杨宗保等。

"古事棚"的构成:由木柱镶成,上设座棚,装扮成护将的男童坐在棚中一手托起,装扮成主角的男童站立在他旁边,用铁圈固定其腰身,表现

[①] 刘芝凤、陈燕婷、林婉娇:《龙岩连城县罗坊乡罗坊村"走古事"调查报告》,本课题组成员调查报告。

出一主一次的两个层次。古事棚安有两根轿杆,四周饰有精美画屏,总重400余斤,每棚需用22名抬夫。

古事装扮

走古事日程安排:

正月初三、初四,房族内挑选抬夫(一般为青壮年),选中者上山劈芦箕草,以锻炼脚力。

正月十二开始斋戒三天,不能与妻子同房,蓄锐养精。

正月十三晚则沐浴更衣。

正月十四和正月十五走古事,分别在大坪与河水中举行。

正月十四在大坪走古事:列队抬古事棚奔走在由观众围成的约400米环形跑道上。每跑两圈,休息10分钟。鸣一响神铳后,进行下一轮竞赛,如此重复四轮。第五轮改跑为游,走"剪刀校"形(即剪刀把的字形)。第一圈顺走,第二圈逆走。这一轮没有圈数的限定,以抬夫走到精疲力竭为止,并让领头的天官棚与第二棚之间脱节开来,才算大功告成,可游回宗祠。

正月十五在河水中走古事:分上、下半阕。上半阕与正月十四走法基本相同。下半阕,列队从"方龙桥"蜂拥下水,逆水而上,在不超过天宫一棚的前提下,竞相超越。竞走距离大约500米。

2. 永定抚市走古事

在永定县古镇抚市,元宵期间也是一年中最热闹的"走古事"群体性运动式节俗。据当地人介绍,该习俗自清朝乾隆、嘉庆年间传入,承传不衰,以祈福风调雨顺、国泰安康为目的。

永定抚市走古事的日程安排:

春节一过,开始走古事筹划。

正月初七、初八开始,每晚陆续会进行大鼓凉伞、花篮、舞龙、佯皋等古事活动,村里家家户户用烟花爆竹迎接。

正月十五至十六,队伍集中,集镇游街,去祖祠、祖屋拜祭客家先祖。

走古事表演形式多样,多以历代传说故事、戏曲及现实生活中的人物或情节进行车载装扮或抬着游乐。常见的传说故事和人物包括:魁星点灯、佯皋(水浒)、桃园三结义、五虎将、下南洋、六国封相、七仙女下凡、八仙过海、童子拜观音、财神爷、女状元等。值得一提的是,随着移风易俗和现代元素的涌入,走古事越来越具有现代化、年轻化的特征。"走古事"着重在"走",它与健步走运动方式的特点不谋而合。抬"古事棚"巡游是"走古事"的重要环节,在罗坊"走古事"中总重400余斤的古事棚,由于竞走较为激烈,需要三班轮流替换,按每棚须用22名抬夫计算,一棚古事需要66名抬夫,七棚总共需用抬夫400多人,竞技性强,锻炼了身体,愉悦了心情。除此之外,护送古事的随行人员也非常之多,较长时间、较远距离的竞走对身心锻炼和精神愉悦的益处不少。另外,装扮各种人物的孩童,被架在摇摇晃晃、惊心动魄的古事棚上,对他们来说,从小锻炼了胆量和勇气,培养了勇敢无畏、敢于竞争的体育精神。

四、游花灯

"游花灯"是芷溪年节习俗中的体育民俗部分。相传"游花灯"雏形是古苏州的花灯艺术,由杨燕山(芷溪人氏)的夫人吴二姑(苏州人氏)传入,至今有300多年的历史。它传承着"纸做灯、油点灯、纸包火"的特色,逐渐由小变大、从少到多,从挂灯到游灯,形式不断被丰富。

1. 花灯结构与制作

芷溪花灯主要分上、下两部分,共 99 盏火。

上部分称为"宝盖",形似六角一体阁楼,里外、上下各为三层。阁内装扮有各式古典人物造型、花鸟鱼虫和祝福语句,"宝盖"顶端镶嵌玛瑙,共 35 盏火。上层为 5 个牡丹花灯,5 盏火,其内层 6 盏火;中层为 6 个凤鸾灯,6 盏火,其内层 6 盏火;下层为 6 个鳌鱼灯,6 盏火,其内层 6 盏火。中层和下层各连一厢走马灯,"上火"后二者反向旋转,凤头鳌首缀五彩细珠。

芷溪花灯

下部分为花灯主体,分里外三环,共 64 盏火。中轴 2 盏灯,其中上为宝伞纱灯,下为花壶灯,宝伞纱灯互邻并排 3 盏火;中环为 6 串 30 个灯 30 盏火,一般为六角宫灯,也有牡丹灯或花钵灯;外环为 5 串 30 个花篮灯 30 盏火。

组装:主体部分小灯均由细铁丝上下提调组成,宝盖用 11 根粗红棉线(9 寸 6 根,7.5 寸 2 根,4.5 寸 2 根,4 寸 1 根)系于弓形竹杆顶端(杆端口一般用大红纸花或插花装饰)。

2. 配件

(1) 火螺子:细铁线弯成螺旋状作为灯芯支持架,150 个左右;

(2) 琉璃杯:必须透明,150 个左右;

(3) 灯芯:细红棉线,150 个左右;

(4) 灯油:无烟植物油,主要用棕榈油、茶油或花生油;

(5) 花灯雨伞:1 把;

(6) 挡风草席:1 番;

(7) 领路提灯:1 对或 2 对;

(8) 牌板灯:若干。

3. 出游规则

游灯时间为正月初一至二十(正月初五、初八除外,因为忌日,不吉利)。其中正月初七称为"齐灯日",花灯全体出游,路线以敬奉村内洪福公王、天后圣母和邱坑公王庙环线为主线,这段时间可食荤菜。正月初九至正月十二称为"案日",其中正月十一和十二又称为"正日"和"还礼日",路线为"游四方",即游走全村,这段时间需斋戒,以食素菜为主。正月十三至二十,根据自身需要和喜好,可随意出游。

4. 配乐器

主要为"十番音乐",有锣鼓、秦琴、笛子、板眼、京胡、二胡、板胡、大胖胡、小胖胡、碰铃和三弦等民间乐器。其中锣鼓有鼓、苏锣、铜锣、铜钟、小钹和大钹。

"游花灯"的"游"其实就是健步走。一个花灯添油后重达20斤左右,总共99盏油灯火,高度达5尺以上,需要由十多人共同抬护;加之花灯由纸做成,灯内点油火,"纸包火"的特色使得擎灯人和抬灯人事先都必须经过严格的训练,小心翼翼,确保游灯时"行之步伐稳,游之灯不晃",由此使抬灯团队的身体力量、耐力素质以及意志品质得到良好锻炼,培养了他们的团队协作意识。

五、迎龙灯[①]

泉州永春县塘溪村的民间体育活动主要通过节庆庙会表现出来。其主要节庆庙会活动有西陵宫请火和迎龙灯、二月初二土地公、四月初四佛会(提前给吴公祖师做佛诞)、四月初六吴公祖师诞辰、端午节、八月二十七扫墓(吴公祖师父母的墓)。请火和迎龙灯是塘溪村最能体现村民体能的民间信仰活动,也是一年中最热闹的节俗。请火寓意重新化佛光,香火旺盛,带来新一年的好运气。迎龙灯寓意五谷丰登。

请火时间和地点是由社首于上年初二掷信杯选出的。从初二开始掷起,哪一天三胜杯即哪天请火,地点也是如此,哪个地点先三胜杯该地点

---

① 黄辉海:《泉州永春县岵山镇塘溪村"迎龙灯"调查报告》,本课题组学生调查报告.

即为请火地,请火地点众多,如城关、黄乾岩、舟山等。迎龙灯时间也由社首于上年掷信杯选出,从请火下一天开始哪一天三胜杯即哪天迎龙灯。2012年请火时间是正月初六,迎龙灯时间是正月初七;2013年请火时间正月初三,迎龙灯时间是正月初九。

请火当天早上五六点一切准备工作完毕,扛轿子的、举旗的、担香火炉的、挑茶担的,大吹队、通鼓队、闹台队(开台打锣鼓的队伍)、西乐队(现代才出现)、南音队、锣鼓队、威风鼓队、狮队、龙队等上千人浩浩荡荡向请火地点出发,出发前要做一个敬叫出佛敬。到达请火地点后,由道士拿着砍刀砍向取火石,产生的火花点燃金纸后将火种奉入香火炉(炉内有折成小段的香和生碳)。

请火回宫途中会沿途吃敬点,在吴公祖师确定请火地点后,西陵宫就会发谏通知会过境的宫庙,沿途宫庙就会摆敬点请吴公祖师。如有其他神灵经过西陵宫吴公祖师也会摆敬点宴请他,彼此相互尊重。沿途时常有十几个敬点,回到西陵宫一般要到傍晚6点左右。返宫后做的敬叫下马敬。入宫后还要做火醮(醮坛上的灯火),直到天明。出佛敬和下马敬,火头和社首都要置办祭品。请火过程中乩童(用扎满铁钉的绣球击打自己后背,用锋利的刀砍自己的后背,却无痛感,且不出血或出少量血)受人抬拜。

迎龙灯一般在傍晚5点多就开始,各宫庙都会出一支龙灯队和南音队、锣鼓队、威风鼓队、狮队、西乐队等喜庆表演队一起组成庞大的队伍。由西陵宫出发,经过番溪、尾霞、和林、铺上,途中也会吃敬点,一路巡游给各家带来光明,带来希望。整个活动以中年男性为主力,老年人领队巡游,向世人展示本村人的体能实力,有暗自竞争的目的和意义。

六、赛蛇神

"赛蛇神"是福建省南平县千年古镇樟湖镇独特的民俗文化活动,每年农历七月初七,樟湖镇就会举行赛蛇神庙会。这一活动具有闽越族崇蛇文化,即"蛇崇拜"的遗风特征,是节日民俗中体育民俗部分。

赛蛇神的程序一般为:

1. 捕蛇

每年农历六月，人们开始到乡野间四处捕蛇，不论大小、轻重、是否带毒，一律捕捉。捕捉越多越能表达对蛇王的诚心，也象征会得到更多的福气。捕捉来的蛇敬献到蛇王庙，放于庙内小口黑色瓷瓮里，并将捕到的最大的蛇装于"香亭"里，由专人精心饲养。

捕蛇 （王书商摄）

香亭 （王书商摄）

2.坐轿

农历七月初七早晨，在蛇王庙前点香敬神后，将"香亭"里的大蛇放在一座特别制作的轿子(被称为"神轿"或者"龙亭")里,以供活蛇坐轿出巡。轿子中间会摆放一大圆盆以放置活蛇,在轿子四周用细铁丝编网,防止活蛇乱窜。

3. 出巡

当日七点时刻,蛇王的巡游便开始进行。炮铳响过三声之后,队伍由大锣开道,紧跟其后的是彩旗队、木牌队和蛇王"神轿"。随后乡民们便紧跟在神轿后面。在出发之前人们各自从黑瓷瓮中取出一条蛇,或者绕脖颈,或者围在腰间,或者缠在手臂上,连儿童也不例外,俨然成为一长蛇阵。沿街的各家各户都会持着香火燃放鞭炮迎接蛇王,并且还会与队伍中的人交换三支香火,名曰"分香",来表达对蛇王沿街驱疫、降福闾里的共同敬仰。

4. 归位

巡游完毕之后,乡民们在震耳欲聋的鞭炮声中将蛇王恭请回寺庙里,将取出的蛇都重新放回黑瓷瓮里。

蛇王庙

5.放生

入夜之后,人们成群结队地将黑瓷瓮抬到闽江边上,取出瓮中的蛇放入江中,使其回归大自然。据说,这一天蛇都非常温顺,几乎都不咬人,偶尔有人被咬,只要到蛇王庙中拿点香灰涂抹上就会好了。科学解释是因为当日爆竹烟火频繁,硫黄味重,使得蛇不敢轻举妄动。

抬蛇王是"赛蛇神"民俗活动的重要环节,过程中突显出健步走的运动方式。巡游过程中,人们举着彩旗、木牌,抬着神轿,身负着一定重量,走跑结合进行长时间和长距离的巡游,并且带动信众一同进行,活动在庄重的仪式氛围中完成,身心的锻炼效果突出。"赛蛇神"习俗活动每年都会开展一次,参与人数众多,深受当地民众的喜爱和欢迎。

"赛蛇神"这一民俗活动不仅反映了古人对动物(蛇)图腾的崇拜,也表达了人类与动物之间建立和谐、友好关系的朴素愿望,以及对自然生态环境、生物物种链条免遭破坏的关怀。

七、登高

"登高"是农历九月初九重阳节时人们重要的活动之一,全国各地皆有开展,在福建福州、福安等地区尤为盛行。

早在西汉时期,就已经有书本记载了九月九日人们登高游玩赏景。对于登高习俗的由来有两种说法。一种是说人们对于山神有崇拜之情,认为山神可以保佑人们免除灾害,所以人们会在重阳——"阳极必变"[1]这个重要的日子里,举家上山游玩来避免灾祸。另一种说法是重阳时节,人们已经秋收完了,农事相对就少了,比较有空闲时间。同时山上的果实又正好到了成熟的时候,农民就会上山采摘野果、药材或者可以燃烧的植物等。农民们便把这种上山采摘果实的活动称为"小秋收"。

关于福州的登高,早在三千多年之前的闽越古国就已经有记载了。在福州的《三山志》中就记载了关于闽越王登高的故事,登高的地点叫做"九日山",当年的重阳时节闽越王和大臣们登高"九日山",插着茱萸,喝

---

[1] 古代认为"九为老阳,阳极必变",九月九日,月、日均为老阳之数,不吉利。故而衍化出一系列避不祥、求长寿的活动,并非如魏文帝曹丕所称九为"宜于长久"之数。

着由菊花酿制的花酒,吟诗赏景。

登乌山路径

福州登高的特殊意义在于通过登高来求得孩子的健康成长。福州有句俗语说的是"白天爬乌山,晚上登于山",乌山和于山就是福州人登高时常去的地方。登上山顶的人还会买上一支纸制小风车,希望可以"登高转运"。因为"高"和"糕"谐音,因此在重阳节期间,福州人还会特制一种名字为"九重粿"的糕点,寓意着节节高和登高消灾。

福州地区的登高不仅是一种习俗,同时还是一项具有健身性质的民间民俗活动。福州属于山区地带,附近有很多的山林供人们攀登。较出名的有鼓山、藏身于闹市中的于山、粗犷与秀美并存的屏山、山势陡峭的旗山等等。登高这一习俗并没有特别的地点规定,一般是以登高山和登高塔为主要形式。

近年来,福州地区为了鼓励人们发扬登高这一习俗并以此加强人们锻炼身体的意识,开展了重阳节携带甘蔗登乌山的活动,将传统的登高祈福与健身活动结合起来,以"步步登高"的方式寄予新年美好的愿望,为推动全民健身活动的开展创造了又一有效载体,营造了良好的社会氛围。

携蔗登乌山

八、游田了

"游田了"是闽清县金沙镇民众为了纪念、颂扬张圣君乞求杨圣君庇佑五谷丰收、人畜平安而举办的民俗活动。一般在每年"夏至"前后三天时间来举办。当地民众通过抬着张圣君的软身塑像游走于各个村庄,通过村民肢体劳力的付出和虔诚,以求得一年四季风调雨顺、百业兴旺。

夏至正是万物繁茂的时节,农业生产又是闽清人民赖以生存的重要生产方式,于是人们在"游田了"这一重要的日子里,会将晚稻的种子用清水清洗干净,而后郑重地将净水喷晒其上,种子发芽生长。有的还会在自家的田头上焚香烧纸,摆上新鲜的蔬菜水果敬奉张圣君,保佑庄稼能够丰收。沿途还会向参游的信士赠送圆形光饼,寓意人们衣食无忧。

活动的主要形式是:青壮年抬着张圣君的软身塑像在各村中游走。青壮年们神情严肃,踩着一致的步伐,按照事先安排好的顺序,沿村游走。随行队伍中男女老少都有。他们有的抬着各式各样的大幅标语,例如"庆丰收农家乐"、"百业俱兴,六畜兴旺"等,有的则是挥舞着写有"不违农时,促进生产"、"斩妖除魔,国泰民安"、"五谷丰登,救旱扶危"等字样的彩色旗幡,以此寄托他们对张圣君的怀念与敬仰之情。队伍最后配有腰鼓队、铜管队及一些身穿戏服扮演"八仙"的演员。沿途村民会在家门口摆上香案,放着贡品迎接"张圣君"的到来,祈求全家平安,风调雨顺。出游一路上,锣鼓喧天,鞭炮齐鸣,热闹非凡。

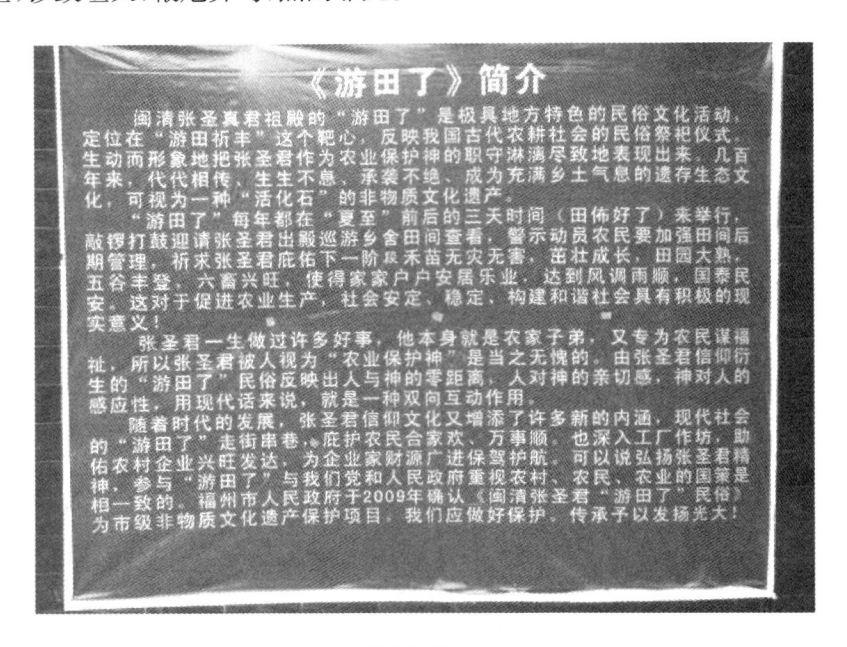

游田了简介

"游田了"是一项与农事密切相关的民俗活动,游走于各个村庄是整个活动的重要部分,活动过程中带有一定的体育动作元素。如:人们抬着张圣君的软身塑像、大幅标语和旗帜等游走于各个村庄,长时间地抬着塑像行走,臂部及腿部力量都会得到有效锻炼,且长时间在户外行走,其肺活量和耐力均会得到增强。人民在热闹的场面中淋漓尽致地抒发自己的情感,陶冶情操,调节紧张情绪,改善了个人的生理与心理状态,能够快速恢复体力与精力。

九、游大粽

每年农历二月十三日(春耕时节),连城县北团镇上江坊村就会进行"游大粽"活动,这是当地独有的一项客家民俗活动,也是客家人祈盼"丰收、和谐"的象征,具有农业节日习俗的体育民俗特征。

"游大粽"程序：

1.农历二月初六开始准备，组织经验丰富的村民深入深山老林采集粽叶（达1万多片）。妇女们把采集来的粽叶蒸煮、洗刷干净，并开始穿针引线，用万余片的粽叶缝制粽衣。120斤糯米裹粽（其中用60斤蒸成糯米饭装入尖顶，60斤生糯米浸泡后装入粽底），制作成1.6米高的笋状大粽。

粽衣

2.二月初七晨下锅，蒸煮四天四夜。

3.农历二月十二日用金箔纸包裹，贴上吉祥纸花。另包上百个指头大小的公母小粽，挂在大粽尖端，在宗祠内吹吹打打供奉一天。同时，民众们家家户户还要包上数百个拳头大小的粽子以备馈赠亲朋好友。

4.农历二月十三日出游，出游队伍由神铳鸣锣开道，一公一母两棚大粽后面紧跟着龙凤旗子、花灯等，出游队伍浩浩荡荡游遍全村。游行结束后，村民们争相讨要粽子，其中想生男孩的讨要"公粽子"，想生女孩的讨要"母粽子"，游行的大粽则用于酿酒；家家由此开始备酒闹春耕，准备夺取夏粮丰收。据传，掺杂游过的大粽米酿出的酒醇香扑鼻，酒劲十足。

5.二月一过，春耕大忙开始了，家家备酒闹春耕，去夺取夏粮丰收。

"游大粽"和"游田了"一样，是带有农业节日习俗的体育民俗。人们抬着两棚大粽游走于各个村庄是整个活动的主要程序，出游过程中的健步走对锻炼身体体能的功效明显。长时间负重行走，臂力、腿力及全身各

游大粽

部位都得到良好的运动,锻炼耐力的效果也十分显著。北团镇"游大粽"作为特色传统民俗文化活动出现在2012年连城县"'四季连城'旅游文化年"春季民俗中。

十、游金瓜棚

"游金瓜棚"是连城县姑田镇一带每年农历二月二十五日进行的民俗活动,已有数百年历史。相传旧时闽西一带的"欧阳真仙"、"罗仙"、"赖仙"三位神仙能保佑风调雨顺牲畜兴旺、五谷丰收。"游金瓜棚"具有农业节日习俗的体育民俗特征。

1. 瓜棚结构

瓜棚是扎制而成的,上面摆放各式农产品,包括瓜果(南瓜、冬瓜、西瓜、丝瓜等)、五谷、青菜等。其中因南瓜色泽金黄,产量丰富,在连城有"金瓜"的美誉,深受当地人喜爱,因此瓜棚以"金瓜棚"命名。

游金瓜棚

2."游金瓜棚"程序

游行队伍有神铳队、彩旗队、古事棚、花灯队、伴奏乐队等,其核心队伍由上百台的人工扛着的"金瓜棚"队组成。队伍十分庞大,场面相当壮观。

"游金瓜棚"中有大规模步行活动,时间长,游经范围广,锻炼了人们的耐力,体现人们团结协作的能力。加之"游金瓜棚"带有享受丰收的喜悦,充满对来年五谷丰登的期盼,能抒发个人情绪,起到愉悦身心的作用。

十一、龙艺[①]

"龙艺"是平和县闹元宵的一种民俗表演活动,是节日民俗中年节习俗的体育民俗项目。

"龙艺"的开端可以追溯到明末清初。清康熙版《平和县志》卷十《风土志》记载:"民间结采架,选童男靓女立架上,扮为故事,数人肩之以行,先诣县庭,谓之呈春。""采架"为"龙艺"之雏形。

新中国成立之前的"龙艺"由村民选举出的会首来筹办。每户或者几

---

① 林雅容:《漳州平和县"龙艺"主题调查报告》,本课题组学生调查报告.

户人家一起负责一节龙艺,而富裕人家可以制作二三节。"装艺"的人要自己出钱并出人,扛艺这种行为被视为一种荣耀。20世纪50年代之后,"龙艺"就转变为集体举办。艺棚的装饰越来越具有特色,制作设计也越来越匠心独运,更显其活力。而艺旦的装扮也更加华丽,场面也更加壮观。

"龙艺"由三个部分组成:"龙头"、"龙段"以及"龙尾"。龙艺的节数不一,一般是24节。龙头和龙尾的制作类似于"舞龙",由一人持着彩球在前戏龙作舞。龙段又称作艺棚,由艺板接连起来。在艺板的上面是由竹、木、纸等材料制作成的车、舟、阁、楼,然后在板上会站着一位装扮成戏曲人物的男童或女童。每块艺板一般由两名壮年肩抬。不过随着艺棚的设计越来越壮观,肩抬人数也随之增加了。每块艺板之间都有木制的旋钮连接,所以可以自由活动,就像是一条龙。游"龙艺"又称为"迎艺",游行队伍中有舞狮、彩旗、彩车、彩灯、摇伞、锣鼓等,游行场面壮观,规模盛大。

龙艺　　　　　　　　　　抢灯

游"龙艺"的过程中人们抬着庞大而且笨重的艺棚游走各个街道,长时间的负重行走,对其臂部及腿部力量均有实际的锻炼效果。其他随行人员跟随着队伍长时间边走边表演一些固定的舞蹈动作,可见游"龙艺"过程有健步走的典型特点。

十二、清水祖师巡境[①]

蓬莱全镇有7万多人,共有30个自然村。主要信仰"清水祖师",在清水岩有一座上百年的清水祖师庙海拔700多米,每年春节,从除夕到正月十五,每天的活动中都有祭祀清水祖师的内容,上山下山全是步行,以示虔诚。清水祖师的祭拜活动程序如下:

(1)除夕:除了与一般地方一样各家各户祭拜自己的祖先外,每年除夕之夜子时,清水岩必举行除夕守岁、迎春祈福法会。除夕夜,各地信奉清水祖师的人到清水岩祭拜清水祖师,陪伴清水祖师守岁。传说除夕夜祈祷,清水祖师有求必应,尤为显灵。所以除夕夜来清水岩的人特别多。人们焚香祈求家庭平安,幸福美满。有求子、求平安、求高中等等。至子时,住僧率众善信诵念清水金经,祭拜清水祖师,许心愿,祈和平。子时零点,由住僧领众善信敲金钟108响,分三次敲,每次36下。鞭炮响起,共迎新年。为了避免火灾等事故的发生,信众的鞭炮统一收齐,统一放。

(2)正月初一:"做佛头"(习俗仪式之一)的要将清水祖师抬到佛头厝。

(3)正月初二:女婿陪女儿回娘家。"做佛头"的要砍大竹做大旗。抬到大旗的庵堂,再到洋中亭做法事,即设"敬"(即供桌)祭拜请示清水祖师砍大竹做大旗。之后到两个固定的地方砍大竹。选竹子之前先做法事祭拜,完后由三庵堂的三个头人、一个旗首共同选定一棵竹子,将红绳绑在竹子上,跪下来"搏箕"(拿两个半月牙状的小木块,合到一起,在请示完后,扔到地上,一正一反,便是请示成功),请示清水祖师是否同意其作为大旗的旗杆。如果没有同意就得继续选,直到清水祖师同意,才能挖下来。挖掘前,要备"茶壶鸡酒饭",带"大符"1张,红丝线2条(各三丈六尺长,可丈量竹的长度)、"香料"36节,种子1包,红绫2条,金花纸旗子36支,香楮、红礼包等物进行礼祭,而后才能挖掘。挖下来的大竹要守护着,枝叶不能让人拿走。一路上敲锣打鼓,放鞭炮,抬到佛头厝。做大旗的竹子的长度有规定,原长三丈六尺,后三庵堂各减一尺,定为三丈三尺。旗

[①] 林婉娇、王煌彬、柯水城:《泉州安溪县蓬莱镇清水祖师巡境活动综合调查报告》,本课题组学生调查报告。

布可以在二丈八尺左右酌定。当日,还要发给"旗主"参加开香的礼帖两张,并献大戏一场叩谢。而大旗布上固定书写"敕封昭应广惠慈济善利大师菩萨"字样。最后,砍下部分枝叶做开路枝,一些让村民带回家,插在床头上以保平安。大旗完成之后,要吊起来。大旗乃神圣之物,不允许有任何碰触。

(4) 正月初六:清水祖师爷生日,将清水祖师迎到佛头厝,佛头股(当年要做佛事的股)相约佛头厝,设"敬"为清水祖师过生日。

(5) 正月初七:香首、都会、三个头人、旗首"开香"。之前,香首、头人、棋首从除夕开始封坛,斋戒至初七,"都会"斋戒三个月(之前是四个月),自斋戒之日起要自己煮饭,自己洗衣(如果母亲在世的话可以帮忙洗),房间的被子换全新,不能让人进房间,不可与女人同房等。"开香"指斋戒完毕。一到开香日,各佛头厝要搭"开香棚",顶庵堂有圣旨牌,中庵堂有祖师公,下庵堂有契母。初七晚,佛头股众人杀猪(鸡、鸭)献生,开始封旗。在旗尾放上五谷(稻、黍、稷、粟、麦,意指五谷丰登,同时封住鬼、神,让妖魔鬼怪不在此地区作怪)。封完旗后祭旗,由和尚主持,香首、三头人、旗首祭旗。祭旗前,佛头股的各家各户,都要备办"猪头五牲"、蔬菜香果等到佛头厝去供祭。佛头股家家户户扛一头猪到佛头厝,猪上挂钱,嘴含大柑橘,祭完旗后,猪头继续留下来供奉,其余抬回家摆席宴客。

(6) 正月初八:下午3点多佛头股到宝光堂,由和尚向众佛头股洒水,意为众人以洁净之躯祭拜祖师爷。众人将祖师爷抬到半岭亭。初八做佛头的要宴请宾客,客人越多越光彩,表明交好运。因此,一轮到"做佛头",各家各户尽其所能,以来客多、场面大为荣。初八晚,请三忠庙祖师爷先进来,头人和都会(庙会工作人员职称)放三声土铳,三步一枪,一跪三拜,逢佛神必拜。凌晨12点,敲三次钟,一次36下,敲满108下(意味着请天兵天将下凡)。由道士组织法事,三个头人和都会都要参加,恭请祖师爷下山巡境。由道士请圣火,点燃火香篮,众人从火香篮里点火,祭拜祖师爷,祈求家庭平安顺利,学业有成,求姻缘等。之后,三个头人和都会、旗首到庭前,东西南北放铳,意味着向各方诸神敬礼。走到有神佛之处,均要东西南北放铳,遇有桥梁之处也要放铳拜祭。直至三忠庙请三忠火。因为在祖师爷来到此地之前,三忠已在,表明祖师爷尊重先贤。再三步一跪三拜,东西南北放铳后回到祖师庙里。传说,如果斋戒不成功的都会,在入主庙门口时,他的铳不会响,裤子还会燃烧起来;只有斋戒成功了,三根都会铳才会同时响;放铳时眼中不能看到女人,否则铳将放不响。所以,都会很神圣,要有护卫开路,要全心全意放铳,不能东张西望。

蓬莱镇迎清水祖师活动中一直有一个规定,在清水岩恭请清水祖师仪式过程中,不允许女人出现在现场,参加者皆为男子。

(7)正月初九:全镇村民杀鸡鸭祭天公。早上5点多,先将祖师爷抬到先公庙,四周放铳,三个头人、旗首祭拜。先公庙供奉着地理风水师,村里有人要建房子,都要到先公庙祭拜。之后到忠义庙(契母庙,传说契母曾给过祖师爷一块木板,让其建庙)换衣服,洗脸,换轿子,众信徒来顶礼膜拜。之后到鹤前小学操场绕三圈(鹤前小学设有"敬"祭拜,有鸡鸭鱼、水果之类的,也有猪腿、猪头(猪头必须加上猪尾巴,寓意有头有尾;若鼻子上插香,指来还愿的),规定绕三圈指的是祖师爷做客的礼仪,不能多也不能少。当大旗扛过去的时候,众人争着去摸大旗和祖师爷的轿子,有吉利之意。但扛大旗的要保护好旗尾,不能让人摸,怕封住的鬼神会跑出来。

(8)正月初十:从顶庵堂出发,至乌石界的"旗界"起旗,要东西南北放铳,表示对山神土地的尊重。此时队伍中,中庵堂的头人要站在第一位。祖师爷每到一个庵堂都要先换衣服,表示对客人的礼貌。

(9)正月十一:到尾庵堂。

(10)正月十二:"接头"(下一年的头人)。接头人在尾庵堂将清水祖师扛到佛头厝,祭拜完后再将清水祖师扛到洋中亭。每月的初一和十五,尾庵堂的佛头股都要轮流地把祖师爷扛到佛头厝。

(11)正月十五:扛神佛。扛王府大人(朱刑李)、水龙公巡游,从早晨五六点到十点左右,设"敬"祭拜,将清水祖师抬到佛头厝。

(12)三月初一:设"敬"做牙,称为小牙。头、中、尾庵堂的佛头股相约中庵堂,呈上贡品,头人进行朝拜。相约筹划和安排初九、十、十一、十二日四天的活动流程与事项。拈到大旗的庵堂更有话语权,很多决定由他们作出。可以在选到大旗的庵堂中选出"春官"和"案公"。春官的排场和县令一样。之所以要选春官,传说,宋神宗年间,宋神宗的母亲生病了,宫中太医无人可医治,听说清水祖师神通广大,能医治奇病,便请来了祖师爷替其母医治。祖师爷医好宋神宗之母后,宋神宗为了感谢祖师爷,让其拥有同当时县令一样的排场。案公类似春官的助理。拈大旗即在三张小纸签上分别写上头庵堂、中庵堂、尾庵堂,卷好后放入签筒,中庵堂拿着签筒让头庵堂来夹小签纸,尾庵堂拿着签筒让中庵堂来夹小签纸,最后一个小签纸给尾庵堂。"春官"的选择,以前是选家里有五世同堂的,同时在村里德高望重的。

十三、"游大龙"

连城县庙前镇庙前村官屋余庆堂"游大龙"体能活动是20多年前,官榕旺老人从永安的"游大龙"民俗中借鉴学习而来的。是庙前正月间庆贺新年,增加喜庆气氛的节俗。正月初九和十五是最热闹的游大龙时间。

1. 大龙的制作

主要材料:毛竹、龙身布、单光纸(做花灯的大薄纸)、彩纸(主要是细棉纸)、彩色颜料。灯光大龙的制作主要分四个部分:龙头、龙尾、龙珠、龙身。

将毛竹剖成竹篾条,用竹篾条扎成龙头、龙尾、龙珠、龙身的"骨架",龙头一个,龙尾一个,龙珠2个,龙身12串,"骨架"可以连续几年使用,如果有坏的,才会再做新的,但龙头会经常做。

龙头是一条龙的魂之所在,龙须、龙牙、龙舌、龙眼和龙角都特别讲究,一条龙是否活灵活现,龙头是关键,其次才是舞龙的技艺。官屋龙的制造没有一定的规则,龙头的样式不是固定的,制作人借鉴新闻图片等资料,听取他人意见,加之自己的理解,自由发挥,只要龙头尽显龙威就可以了。

"骨架"做好后,要让大龙"有血有肉"。龙身用画有龙鳞和龙鳍的布盖上,龙头、龙尾和龙珠则是先糊(裱)上单光纸,再用彩色颜料描绘,彩纸装饰。

最后,将龙头、龙身和龙尾接起来,装上节能灯,拉上电线,接上发电机。

2. "游大龙"过程

"游大龙"需要一支大队伍,走在最前头的是一位德高望重的长者,手提香篮负责引路,紧跟着的是提灯笼、举牌匾(灯笼和牌匾上写有代表家族名号及新年祝福语)的队伍,一支锣鼓队,最长的是抬龙的队伍,有几十米长,两个龙珠一前一后,龙的周围跟着抬龙的替换人员,最后再跟一支锣鼓队。因情况不同,队伍会略有调整。

(1)召集人员,分配任务。以男性为主,每家每户都要有人参与。

(2)检查设备,准备就绪。

(3)到了大致时间(傍晚六七点),锣鼓声起,大龙准备出发。

(4)大龙向祖先神位拜三下,女人们烧香。

(5)门外的鞭炮点起,大龙出祠堂。锣鼓变换节奏,游龙开始。

(6)游龙过程中,人们从家里出来看大龙,游经的人家都会放鞭炮。鞭炮声、人声、车声、锣鼓声让节日的夜晚热闹非凡。

(7)大龙游经整个庙前村,行程大约 3 公里,历时约一个半小时,具有锻炼身体的价值。

(8)途中如果有人家特别招呼的,要去人家家中拜年,则大龙会进家中游一圈,那家人会包红包来答谢游龙队伍带来祝福。

(9)回祠堂。

3. 舞龙技艺

舞龙的技艺关键看龙头和龙珠的配合,对抬龙头和龙珠的人也是有着特别的要求的,光有体力是不够的,还要懂得怎么舞。一次舞龙下来,抬龙头和龙珠的人也是最累的,具有锻炼身体的价值。

(1)龙游小道

街头巷角不适合做大幅度的舞动,抬着龙行走。

(2)龙舞长街

国道大街上,路面比较宽且平坦,龙珠在前作引导,大龙作蛇状游行,游龙戏珠,龙头在蛇形的最大弯角处抬高,又在下一个弯角处低回,龙身配合着做高低起伏,仿佛龙在云彩间欢快地翻腾。

(3)大场地表演

在大的平地上,舞龙的技艺就更加多样了,有双龙戏珠、红龙绕柱等。

十四、"游王船"

"游王船"是闽台地区闽南讨海人的传统习俗,有的地方两年一次,有的地方四年一次。厦门市湖里区钟宅村和台湾省高雄市内门沿海一带都是四年一次,举行隆重的"游王船"(烧王船)习俗活动。

1. 钟宅畲族社区"游王船"简介

"游王船"又叫"烧王船"、"王船祭"等,该习俗最早可追溯到明初。厦门"游王船"以同安西柯镇吕厝村、海沧钟山村、湖里钟宅村3个地方的规模较大。钟宅畲族社区"烧王船"于子、辰、申年(鼠、龙、猴年)即每4年举行一次。

2. 溯源

相传,宋元年间,因朝野纷争,三十六位进士被秘密杀害于闽地。暴乱平息后,为抚冤魂,皇上一一为其封王,并将这三十六位王爷分给厦门周边的百姓伺奉祭拜。钟宅因此分得三位,数百年来,该民俗活动传承至今。

3. "游王船"流程

(1)农历四月先确定三个主事人。通过在佛祖宫里掷圣杯的多寡来选"烧王船"的三个头家(大头、二头、三头)。

(2)农历八月择日开始造船。

(3)农历十月初确定送王船的具体日期。

(4)送王船的前三天,法师、主事等人在观音庙卜卦、选向、取水,王船船锭放于水缸内。同时搭台,做前期准备。

(5)送王船的前一天,王船从澜海宫出发,沿村环游一次,队伍也要跟随顺序游行一次。送王船凌晨,主事人和村民们到王公庙祭拜,至晚上,法师看吉时送王爷,同时村民们会往王船添载各类王爷所必需的生活物品。

(6)送王船当天,法师、主事、村民们和随香人员至海边空旷处,在法师的安排下,主事人引火烧船,村民们和随香人员下跪一旁,直至烧掉船桅杆,所有人才能起身离开,送王船仪式结束。

4. "游王船"中的体育元素

(1)环村游行

当天上午,"游王船"队伍按照彩莲、开道队、龙狮队、歌舞杂技、凉伞队、佛旗、三坛鼓、佛辇、大摇人、宋江阵、惠安女军鼓队、腰鼓队、三位头家、扫路、王船、蜈蚣阁、龙队的顺序游行,从澜海宫出发,环钟宅社区一圈,最后经过王公庙到达目的地钟宅祖祠,整个游行过程历时约2个小时。游行过程需要游行队伍及随行人员进行较长距离和时间的行走,有些游行队伍,比如抬佛辇、抬蜈蚣阁、抬龙狮等都要抬着东西游行,相当于体育中的负重锻炼,起到了锻炼身体、愉悦心情的作用。

(2)撵轿阵

抬轿:当天下午的游行是菩萨游行,族人用轿抬着菩萨(钟宅五座宫庙的菩萨轿骑)沿村子的大路游行。佛辇是全木制的,由四个村民抬一个佛轿,这些村民都是村里的青壮年,以20岁左右的青年居多,他们都是自发而来抬佛辇的。采访了其中一位还在读高中的抬轿年轻人,他说:"抬一会觉得还好,抬久了就会比较累。"问及为什么会来抬佛辇,他回答说"锻炼身体"。

撵轿:在村内空旷处或游行路上,当菩萨经过供奉桌前,轿会绕桌一圈,然后使劲摇晃(称撵轿),摇得越厉害越好。参加撵轿的都是年轻人,撵轿对手部的力量和脚步的控制力有一定的要求,一次撵轿下来,人们往往累得大口喘气。

(3)腰鼓阵[①]

腰鼓队由当地中老年妇女自发组成,90年代成立至今,吸引着社区的许多中老年妇女加入,现在队伍中最小的40岁,最大的有60岁。队伍比较自由,只要有兴趣都可以参加。腰鼓队平时还会跳一些健身舞、老人舞、广场舞等等,经常组织参加比赛,或去一些开业典礼、庙会等场合表演。腰鼓队曾获得2006年在海沧区举行的全市范围腰鼓队比赛的第二名。

(4)舞龙阵

由漳州市角美镇石美村龙狮队组成的舞龙阵,有13名男性表演南狮。

---

① 受访者:钟阿美,女,50岁,钟宅社区妇联主任。

而晋江市罗山街道兴英舞狮队则表演北狮阵。

(5)宋江阵

龙海市紫泥镇安山宋江阵于民国时代就已存在了。"宋江阵"的表演以武术为主,按36天罡、72地煞的顺序出场表演,人数可多可少,一般有36人、72人、108人。在2013年12月于钟宅举行的畲族民俗文化节中,宋江阵是在其第三代传人康溪根的带领下进行表演的。开场的是"宋江舞大旗",锣鼓喧天,大旗挥舞。接着是开钩镰枪,飞舞托天叉……十八般兵器各显神通,场面威武壮观。由于经费限制,此次活动只有12人参加,表演了耍大刀、棍仗、徒手武术等,器械也用农具代替,如铁耙、木棍等。

(6)蜈蚣阁

"蜈蚣阁"也是钟宅社区游王船的一大看点。该"蜈蚣阁"的首尾分别装上龙头和龙尾,将20节阁棚即蜈蚣的身体组合起来。阁棚的底座是用长约2米,宽约0.3米的木板制作而成,阁棚与阁棚之间是用活榫相接的,可以自由转动。每块阁棚还会搭制一个用竹子编制的犹如一艘小船形状的阁楼,再用彩纸、丝绸布等将其装饰好。最后在每个阁棚的头尾两端,各安装一个用不锈钢焊制而成的小椅子,方便儿童坐。每节阁棚有两个小朋友坐着,所以每个阁棚大约有100斤的重量。虽然每个阁棚是由8个青壮年抬扛,但是长距离的抬扛对于平时少做农活、少运动的年轻人而言还是相当有困难的。

十五、杨氏游神[①]

莆田市仙游县龙华镇金建村杨氏游神活动每年举行一次,是杨氏后人为纪念先人杨家将而演化而来的。每年农历正月十五举行游灯活动后,通过占卜来确定举行游神活动的日期,一般选在农历一二月间,这时人们大都回家过年,举行游神活动会比较热闹。

1.活动程序

在举行活动的前几天要演戏,一直演到活动当天晚上。在活动开始

[①] 林龙明:《莆田仙游县龙华镇金建村"杨氏游神"活动专题调查报告》,本课题组学生调查报告。

的前几天，各组的带头人要组织人员安排任务，任务有举旗、挑硝桶、敲锣打鼓等。而其中挑硝桶是最受人们关注的。过去游神时会放一种土枪炮，硝桶是用来装火药的，后来被禁用，所以硝桶一般是空的；但由于硝桶是用木头做的，所以还是有点重，跟着巡境队伍走完规定的路线非常累。挑硝桶由男孩子担任，很多父母都希望自己的孩子能去挑一次硝桶，借此机会培养孩子吃苦耐劳的精神，磨炼意志力。所以每年都有很多人争着要去。而敲锣打鼓的人则要进行适当的排练。

在活动当天早上，有些人还要早早来到村里的大庙，请那些唱戏的人化妆。然后所有的人都要到宫门前集合，按照规定的顺序排好队。在出发前还要在宫门前摆上供桌、供品，由扮演"十敬"的人绕着供桌举行祭祀仪式。他们代表地府的人，举行祭祀可驱魔避邪。祭祀仪式后，发给他们每个人一袋饼。在游神过程中，人们可以用事先准备好的一袋饼，换他们手上的饼，换回的饼吃了可以保平安。活动的关键人物是"童子"，要先请神上身，"童子"在请神时，要有四个人在门口使劲敲打金锣。"童子"请神上身后就不能说话，要什么东西、做什么事都要通过手指来比划。"童子"请神上身后，有一个人会把活动所请的神，即太师爷神像，请到太师轿上，游神队伍才能正式出发。游神队伍每年都是按照相同的路线进行。

游神队伍经过时，每家每户都要在自家门前摆上供品，烧一堆火，还要放鞭炮。在神像经过时人们会把事先准备好的、用红纸包好的钱挂在神像的手上，并拿一张灵符回去，以祈求神灵的保佑。"童子"每经过一处祠堂时，要进去跳一下傩舞，而"十敬"也要举行相关的祭祀。人们也会在祠堂里摆上祭品来祭拜自己的祖先。

队伍回到宫时，所有人员都要经过戏台。这时台上就要停止演戏，当神像经过时，台上演戏的人员也要跪拜神像。游完以后，会有一个人把神像放回宫里，而"童子"也要请神离身，在这过程中也要有四个人在门口使劲敲打金锣。在游神队伍中扮演重要角色的人员要在神像前跪拜后，整个活动才算完全结束。

2.队伍排列顺序

头阵：带路旗、大灯、大锣、龙虎旗、枪旗、硝桶、头枪、付枪、起码牌、彩旗（5支）、双连彩、园灯、金锣、起文书、洋鼓、洋笛。

第二组：仁镜（旗名，下同）、枪旗、硝桶、龙虎旗、双连彩（旗名）、金锣、鼓架、钹、锣、锣仔、敲。

第三组：镜、枪旗、硝桶、龙虎旗、双连彩、金锣、鼓架、钹、锣、锣仔、敲、铜器（4支）、清裙帐（4支）。

第四组：礼镜、枪旗、硝桶、龙虎旗、双连彩、金锣、鼓架、钹、锣、锣仔、敲、铜器（4支）、清裙帐（4支）。

第五组：枪旗、硝桶、人山人海旗（10支）、龙虎旗、双连彩、金锣、鼓架、钹、锣、锣仔、敲、铜器（4支）、清裙帐（4支）。

尾阵：七仙女、八仙、老人骑（8人）、女宾（8人）、四上将、杨宗保、穆桂英、四大将、祈求、笔印、四大帅、四将军、呼延守信、呼延守用、呼延庆、呼延平、呼延明、呼延登、孟良、焦赞、杨家将七兄弟（杨大郎延玉、杨二郎延定、杨三郎延安、杨四郎延辉、杨五郎延德、杨六郎延昭、杨七郎延嗣），以及民间鬼仙和地方神，如十敬（鬼笈、阿妹、阿妈、伙食担、富明、华庆儿、请堂儿、龙成孙、玉兴儿、幼兰儿）、大灯、大锣、八班、赞堂官、香位（请炉）、金锣、童子、五方旗（5支）、太师轿（上放太师爷神像）、孝扇、十音、尾旗、鼓仔锣。以上人物都要骑马，穿戏服。

在第二组和第三组之间还要插入外地来宾的队伍，头阵和尾阵的人员名额由宫里统一分配给各个地方。

第三章
竞速体能类民间体育项目

竞速体能类民间体育是对以比拼速度、耐力为主要特点而开展的民俗活动的总称。强度适中的"竞速体能运动",对人体的心肺、呼吸系统和心血管系统等有重要的锻炼功效。

一、赛佛

"蜡烛会"是武夷山市在每年的农历二月二十一日举行的家喻户晓的民俗活动,而"赛佛"是"蜡烛会"整个活动的核心部分和重要环节,是该地节日民俗中的民俗体育部分。

赛佛

"蜡烛会"起源于唐朝,是为了悼念辟支古佛而创设的。相传古佛十分灵验,武夷山地区的人们为了悼念他,就在吴屯建了一座父母庵,将他的肉身遗像供奉着。每到会期,人们就会手持蜡烛迎奉古佛,这就是蜡烛会的由来。

"赛佛"指的是每年农历二月二十日凌晨时人们从吴屯寺庙迎接古佛肉身遗像回城关这一过程。在"赛佛"过程中,被派往吴屯寺庙去迎回古佛肉身遗像的十多个青年壮汉在接到佛像之后,要求马不停蹄奔跑着将佛像抬回城关,一路上绝对不允许停留或休息。整个过程如同在与时间赛跑一般,非常紧凑。在当地,由于肉身的古佛遗像只有一座,因此这一民俗与奥运火炬传递形式相仿,按照各个村落举办蜡烛会的顺序将古佛传递给每个村落膜拜,以示一站一站地将这个信念传递下去。

佛像迎回城关之后,村中的善男信女就会自发地形成一支庞大的队伍迎接古佛,称为"佛过街"。一般由两把大号排在队伍的前头为其开路,紧跟着的是人们举着各式各样的迎牌。按照戏曲的内容装扮成三十六台的"仙子"穿插在队伍的中间,如同在戏院里看戏一般,栩栩如生。在迎佛的队伍中每隔一段距离就配备着乐队,有闹鼓、仙幡、唢呐等民间道具和乐器,时而闹鼓咚咚,响彻四周,时而唢呐阵阵,婉转响亮。沿街的居民还会燃放烟火爆竹,献上蜡烛,向其礼拜和祝愿,整个城关都沉浸在欢闹的乐曲和炮声中,好不热闹。

"赛佛"活动过程中不能停滞,一站接一站,有如火炬传递信念一般,带有明显的体育文化的寓意。人们抬着古佛的肉身遗像、迎牌游走于各个村庄,对他们的手臂以及腿部力量会起到较充分的锻炼效果。而且"赛佛"过程中需要在兴奋状态下不间断地大强度奔跑,使耐力得到充分锻炼。

"赛佛"过程中人们在热闹的气氛中淋漓尽致地抒发个人情感,调节了平时生活中的紧张情绪,有利于缓解工作压力。但必须加以注意的是,参与"赛佛"的队员一定要事先进行一段时间的身体锻炼,做好充分的准备活动,方能上阵赛佛,防止因运动量过大、缺氧等原因造成身体伤害。

二、赤脚踏火

"赤脚踏火"有着悠久的历史,是漳州龙海市和厦门同安莲花镇小坪村众多庙会中最具有特色的民俗体育活动。龙海市的踏火节在2001年就被批准为市级非物质文化遗产保护名录。传说踏火的活动是由古时闽越族中的巫术仪式演变而来的,是道教文化的遗产。"赤脚踏火"与"过火"、"踩火"、"跑火"等民俗活动形式大致相同,带有"清净"的意思,即在火堆中把一切事物都净化了。人"过火"会使得邪魔不敢再附身,这样就能祈福消灾。神像"过火"则意味着邪神不会附神身,会保佑人们富贵平安。"赤脚踏火"是踏火节活动的必备环节。

1. 龙海市的踏火活动

漳州龙海市的踏火节分为"上甲"(正月初五)和"下甲"(正月十五)两天,是该地区一年中最为隆重的节日。"上甲"和"下甲"的活动仪式基本相同。踏火节的活动主要有:宗亲祭神、会首答谢天恩、迎神踏火、绕境巡安等过程。

(1)上供。正月十五日早上,会首们会将准备好的供品摆放在由抽签定位的八张八仙桌上。在族长和法师的带领下,会首一字排开站立,行三跪九叩之礼,答谢天恩,以求得家人福安。

(2)静场。人们将神像从寺庙里请出,供奉在由四人抬的朱漆神轿里。信徒们则拿着香火、圣旗等跟随在旁,赤脚沿火堆静场。

(3)绕火堆走。踏火前,由法师手持法器、口念咒语、抛洒米和盐巴做法。随后人们抬着神像环绕火堆游走,边走边召唤神明,待有了神明的保佑象征之后,人们便开始踏火。

(4)过火堆。法师会用蛇鞭发出鞭响,抬神像者率先踏进炭火之上,赤脚快速踏过火堆;随后是圣旗手以及其他神轿夫依次快速踏过火堆;紧接着是身穿紫袍的会首们,手持香炉快速从容地过火堆;接下来排着长队手持小圣旗的男丁们(大人小孩都有)依次急速踏过火堆。依照踏火的民俗观念,每个男丁只要一生勇敢地踏过三次火堆,便可求得一生平安。

过火堆

过火堆

(5)抢炭火。踏火队伍过去后,围看的人们争相抢炭火带回家,分成多份放置在家中鸡鸭舍和猪羊牛棚等处,以祈福牲畜兴旺。

(6)绕境巡安。踏火完成后的迎神队伍还会按照传统路线,进行绕境巡安活动,为一方平安祈福。

过火堆

2. 厦门市同安区莲花镇小坪村庙村的踏火活动①

(1)活动前:头家们在节日前请示神明,分配旗手、乐队、抬轿队。

(2)请圣火:踏火节前一天在神庙里点圣火,烧祈福纸。

(3)去香山请神:节日当天凌晨,抬轿队伍去香山请神。

(4)敬神:村里的祖祠前摆放着各色美味佳肴,拜神拜祖。

(5)准备踏火:村民准备炭火,且要人专门照看,不能熄灭。

(6)守圣火:选出一村民守护圣火,守圣火的必须贯穿始终,火不能熄灭。圣火坛的木架上摆放了许多由村民自制的平安符,等踏火节结束后会各自拿回去,以祈福当年幸福平安。

(7)神庙拜神:村民们会到神庙里祈求,各自许愿。

---

① 张丽婷:《福建省厦门市同安区莲花镇小坪村庙村"踏火节"综合调查报告》,本课题组学生调查报告。

(8)踏火仪式:法师持鞭子吹牛角,进行一定时间的祭拜仪式。

(9)踏火:赤脚抬神轿摇晃,冲过炭火。

(10)招待客人:踏火节日,各家各户会将各自准备好的食物拿来招待客人。

"赤脚踏火"过程中按照传统排位依次快速过火,使得整个队伍井然有序,这是整个踏火活动顺利开展的必要条件。人们扛着神轿、拿着圣旗或者抱着孩子踏火,身负一定的重量,尽可能快地踏过火堆,整个活动在紧张刺激的氛围下进行,注意力高度集中,使得踏火的人们心中既能感受到自身紧张激动的情绪,又充满着神圣感;随后的绕境巡安活动中,人们长距离、长时间地走跑巡游,体现出健步走的特点,身心锻炼效果更加显著。

三、龙舟竞渡

"龙舟竞渡"俗称"扒龙船"或"赛龙舟",是年节习俗中端午节的一项重要民俗体育活动,是民间传统水上体育娱乐项目,流行于我国南方与中原地区。"龙舟竞渡"是为了纪念爱国诗人屈原而兴起的,最早是古越族人祭水神或龙神的一种祭祀活动,现在仍然在福建、台湾盛行。

1. 福建各地的"龙舟竞渡"

每年端午节期间,福建地区从闽北到闽南,从闽东到闽西,各地的海滨湖汊、大江小河,随处可见龙舟竞渡的身影,可听见由此而来的锣鼓声和呐喊声。

福州的龙舟文化相传是为了纪念王审知。往昔台江、西湖皆有龙舟竞渡,而在苏岐特别盛行。在福州各沿江及临湖的乡村和社区,都拥有自己的龙舟。龙舟体长3丈多,宽约5尺,舟体首末端呈龙头、龙尾形状,舟体两侧彩绘五彩的龙身。每艘舟的划舟手一般为28~30人,但加上司舵、执旗、锣鼓手、放鞭炮等人,能达到34~38人之多。古时,在端午赛龙舟之前各乡社通常要挨家挨户募捐集资,俗称"采莲"(目前已不多见)。出钱最多者可担任本乡龙船的领头人,享受坐龙船头和挂香火袋的权利,十分风光和有面子。

福州光明港龙舟竞渡

　　莆田的龙舟文化是为了纪念五帝,分为两种流派,以木兰溪为界分南北两洋。南洋龙舟以司锣者为舟上的总负责人,以谁最先到达终点为标准判定获胜方。北洋龙舟则以负责掌舵人为龙舟总指挥,竞赛时以最先取得终点处所立标杆上彩球判定获胜者。莆田还特别讲究龙舟船首的造型,造型不同往往体现着不同的背景。龙舟船首雕成龙头造型,表示龙舟所属的村子出过"举人";而龙舟船头齐平仅画有龙头造型,则表示没有出过"举人";龙舟船头齐平画着太阳造型,表明出过被朝廷认可的"孝子";龙舟船头齐平画着龙头,但将龙鼻子雕成一定造型的,则表示龙舟所属的村子出过"贵人",如江东村因为是唐代梅妃的故乡而能如此造龙舟船首。

莆田木兰溪龙舟竞渡

厦门、漳州、泉州地区赛龙舟盛行,赛事每年规模较大。这些地方的龙舟造型一般成狭长的柳叶状,龙舟船头雕刻有大龙头,船体绘有彩色鳞甲,披挂彩绸,双目在须眉之间炯炯有神。按彩绘的颜色不同,分有"金龙"、"青龙"、"白龙"、"黑龙"、"黄龙"等。少数地方龙舟船头上会安虾、蛙、虎等模型,也称为"虾龙"、"蛙龙"、"虎龙"等。竞赛时往往在终点停泊"标船",以鸭子为标,在龙舟到达终点时,鸭子会被投入水中,划舟手纷纷跳进水中追捉,场面极为热闹。

2. 各地"龙舟竞渡"的不同习俗

(1)厦门集美龙舟池上龙舟竞渡

龙舟池长800米,宽300米,是由著名爱国华侨陈嘉庚先生亲自设计和修建的,作为集美学村龙舟赛的重要实践场地。1957年端午节,陈嘉庚曾邀请厦门同安、海沧、杏林等各区的90多个乡社龙舟队2000多人来龙舟池参加龙舟比赛。此后几乎每年都会在此举行龙舟赛会。从1987年开始举办"嘉庚杯"国际龙舟邀请赛,一直延续至今,吸引了海峡两岸和境内外众多队伍前来参赛,共襄盛举。

集美龙舟池上龙舟竞渡

(2)福州长乐三溪龙舟夜赛

每年端午节前后,长乐市江田镇三溪村有夜赛龙舟的习俗,相传已有几百年历史。当时村人白天要辛苦劳作,到了晚上才有时间和闲情,于是白天外出劳作赶不上龙舟赛的人,傍晚一收工就乘着暮色挑灯参加竞渡。竞渡前参赛队员都会吃上一顿龙舟饭,喝上一壶好酒。在长乐,龙舟一般按亲族建造。新船竣工后,人们还要抬舟游乡,再放在河里"试水"。

长乐三溪龙舟夜赛

(3)泉州石狮海上龙舟赛

泉州石狮海上龙舟赛是泉州石狮市闽台对渡文化节及蚶江海上泼水节的一项配套活动,在海上进行,以龙舟到达终点先后判定胜负。

(4)三明泰宁的庙会赛龙舟

泰宁从五月初五至六月初六都有赛龙舟,最热闹的时候当属五月二十七日的庙会上的龙舟赛。比赛逆水而上,分甲、乙两支队伍,甲队为青龙船公,乙队为黄龙船妈,每舟设司鼓、司锣、司舵各1人,划手8人。比赛结束后,不论输赢,作为村中德高望重者——龙舟上的司鼓者都须请参赛选手吃晚宴,以示庆祝与慰问。

(5)三明清流游花船

这也是赛龙舟的配套项目,一般在龙舟竞渡完后进行。花船上搭着

泉州石狮海上龙舟赛

平台,四周饰以彩带纸花,演员身着古装表演。其间还会安排捉鸭子活动。与其他地方不同的是,划舟手和观众均可跳入水中参与捉鸭,谁捉到归谁,气氛热闹,喜庆非凡。

(6)三明沙县的肩膀戏

龙舟竞渡后会在木排上表演肩膀戏等配套节目,以尽参加者的余兴。

(7)漳州平和的"划水花"

为龙舟赛前的预热活动,往昔常见。在五月初四那天,在南山大塘,通过搅浑水面,使得有鱼儿跳上龙舟,并将其蒸熟以祭江。

(8)龙岩漳平的"龙船鼓"

"龙船鼓"其实就是试龙舟的鼓声,漳平从四月初一起就要开始试龙舟。当参加者听到第一声"龙船鼓"后,都要象征性地在原地跳几下,寓意抖掉身上的跳蚤,去除霉运。

(9)龙岩上杭的龙舟竞渡

龙岩上杭有两种龙舟竞渡方式:一种较为传统,将龙舟分为黄色的"黄龙"和黑色的"乌龙"两类,通过神船上祀神人发号施令,以最先到达终点者为获胜方。另一种是龙舟竞渡者去争夺由发奖者提前用猪膀胱(俗称"猪尿泡")制作好的"气球",这种"气球"染成红黄各色,随江漂流。龙舟竞渡者夺得后凭此物向发奖者领取奖品或奖金。

(10)宁德霞浦的龙舟竞渡

宁德霞浦在龙舟竞渡时把粽子抛入水中,传承了古说"防鱼龙虾蟹吃屈原大夫的身体"的说法。

3."龙舟竞渡"的体育内涵与传承

赛龙舟作为传统民俗的集体体育活动,蕴含着丰富的文化内涵。赛龙舟需要团体的分工和协作,体现了团结协作的重要性,增强了集体凝聚力。如赛龙舟需要有一位出色的"掌舵手",他能合理利用资源、发挥优势,体现出决策和统筹意识的必要性,使赛龙舟成为培养领袖气质人才的载体。赛龙舟文化映射出一个道理:团结合作是实现共享、共进、共赢愿望的最佳途径,每个参与者都有收获。

目前,赛龙舟已被列入国家级非物质文化遗产名录,在2010年广州亚运会上成为正式比赛项目,可见该活动在我国,甚至整个亚洲都有一定的开展基础。赛龙舟在闽台地区的传承和发展前景也很乐观。如:以厦门集美"嘉庚杯""敬贤杯"海峡两岸龙舟赛为代表的龙舟竞渡赛事传承了侨乡集美近60年来体育文化盛会的历史,且发展势头喜人。又如:以长乐三溪龙舟夜赛为代表的地域性龙舟活动在不断进行探索,近几年破除了"女子上船划舟是犯大忌"的迷信思想,赛龙舟变成了男女老少都能一试身手的群众性体育活动,为本项目的活态传承和发展迈出了宝贵的一步。

四、推轿斗力

该项目是龙岩市长汀县濯田镇升平村每年农历二月二日都必须进行的"保苗节"中的民俗活动,是客家祖先祈求风调雨顺、消灾灭虫、五谷丰登的一种醮事(俗称做道场、斋醮科仪),节日的内容丰富,其中最吸引人的"推轿斗力"具有农业习俗中的体育民俗特点。

"推轿斗力"程序:

1.热身准备

迎神队伍在人们的簇拥下,一路鸾驾执事,爆竹铳鸣,锣鼓喧天,彩旗飘扬,巡游古佛"三太祖师"和"五谷大神",所经之地各家各户都烧香点烛,敬奉供品,以祈求这些神佛保佑。

2. 斗轿

"推轿斗力"也叫"斗轿"和"摇轿",是保苗节的前奏,是台前戏,可以把所有来参加保苗节的人集中到场地上来。斗轿的勇士分别由各族自行推选,一般为身材高大、气力十足的壮汉。古时候斗轿勇士必须是未婚青年,随着时代的发展,外出务工人员增多,村内青年急剧减少,这一要求已经被逐渐淡化。有幸选中的男士沐浴更衣后要身穿白色衣裤,腰系红布条,他们分成两方,各持神轿一端,肩扛重达150多公斤重的轿子(有一人高,木制,两条抬杠很大),斗轿开始,两个汉子走出中央,面对面抬起轿子开始急速旋转,在旋转中将轿子往空中抛甩,在抛甩中两人相互推进,直到一方筋疲力尽倒地,胜者又与新上来的汉子(淘汰的一方换人替补)较劲,很像草原上的摔跤比赛,直到最后比出高低。

推轿斗力

3. 百壶宴

斗轿结束后,"三太祖师"和"五谷大神"古佛像要摆放整齐以供人们烧香膜拜,直至中午的"百壶宴"。"百壶宴"筵席是由几十张大桌组成的,全村各家送来的油炸米果和酒壶全部上桌。"百壶宴"起源于清朝康熙年间,沿袭至今达三百多年历史,是闽西客家的重要风俗,深受世界客家人的欢迎,每年都有新加坡、马来西亚、泰国等地的客家宾客赴"百壶宴"。

"推轿斗力"是男士专属的活动。在斗轿比赛中,实际上是拼体力。谁力气大、耐力持久,谁就能笑到最后。旧时胜者为王,一方面说明优胜者所在的宗族的旺盛,另一方面优胜者会得到年轻女性的好感,成为本年度最抢手的对象。

百壶宴

第四章
杂耍表演类民间体育项目

杂耍表演类民间体育是对以展示曲艺、杂技等技艺为主要特点来开展的民俗活动的总称。这类活动要求表演者具备扎实的技艺功底和超强的心理素质；对周围观赏的人群来说，能起到愉悦身心、提升心理素质、提高智能的重要功效。

一、摆棕轿

"摆棕轿"是莆田地区民间流传着的一种古老的民俗活动，是当地异于其他地方的一种闹元宵的民俗方式，娱神也娱人，是民间信仰习俗中的民俗体育部分。它通常围绕着一堆熊熊烈火展开活动，带有一定的神秘色彩。

1. 开展时间

每年正月初六开始，持续到正月底，长达20多天。

2. 棕轿样式

各地的棕轿样式各有讲究，一般做成长方形的框架，成轿子式样。材质则各有不同，大多选用竹子、木头等材质。但由于材质不同，其重量自然差别很大，轻的只有几斤，重的可达上百斤。每顶棕轿顶部绑有棕叶，并粘贴象征着各村落姓氏的神符，本村所供奉的神明像也放于轿上。

3. 活动程序

各村开展活动的时间各不相同，但其活动程序基本相同：

（1）摆棕轿一般由两个青壮年一前一后抬轿，棕轿队抬着摆放着神明像的棕轿绕村游走，在经过每户人家时进行棕轿表演。

（2）游村完成后，各个摆棕轿队绕着燃烧的干草堆转圈比赛，看哪队

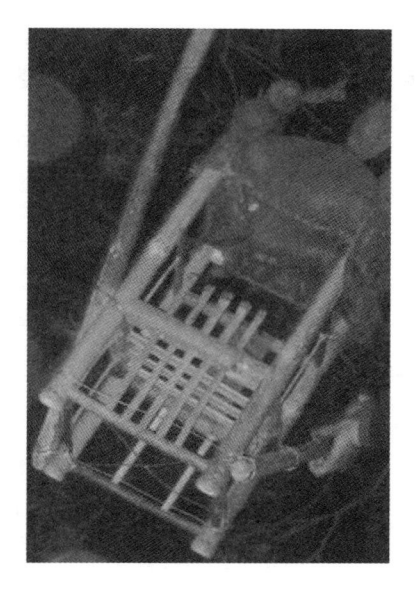

竹质棕轿　　　　　　　　木质棕轿

既摆得快又转得猛,在比赛过程中人员可以替换,但不能让棕轿停止下来。

(3)在跑动的过程中要不停地转动手中的棕轿,还要不时地跳过烧旺的火堆,以此表达敢闯敢干敢拼、不畏艰难困苦的精神,同时也祈福新年"财旺人旺事事旺"。

摆棕轿

"摆棕轿"通过轻松欢快的节奏与动作,伴随着锣鼓声,表演者或走或跑或跳,时而抬轿时而摆轿,围观者激情呐喊、热烈助兴,相互呼应,情感得到了尽情抒发,场面相当热闹,既表达了对神明的敬仰之情,也享受到了平时生活中所无法体会到的乐趣。且仪式过程中又具有竞争性,增加了观赏性,受到群众的喜爱。

摆棕轿娱神也娱人,活动过程中要展示出许多特有的技艺技巧,既要求表演者腿部的走、跑、跳各种动作,又要求有抬轿、摆轿、跳摆相结合的手臂及躯干动作,绞转相交,对身体协调性要求很高。既有直线运动,如抬棕轿沿街巷快速奔跑或抬棕轿跳过烈火,又有曲线运动,如摆着棕轿不停绕巡或把棕轿绞在一起绕火堆连续转圈,要求有较好的身体位置感和空间感。围观者在观看的过程中不时地与表演者相互呼应、呐喊,不仅可参与其中,还震撼人心,人们在表达对神敬仰的同时也享受到生活乐趣,收到良好的身心锻炼效果。

二、耍刀轿

"耍刀轿"是莆田湄洲岛闹元宵的民俗内容之一。莆田湄洲岛上的闹元宵又被称为"闹妈祖",当地居民通过此活动来祈求新年幸福安康。"耍刀轿"是其中的民俗体育部分。

妈祖的故乡在莆田湄洲岛,她的原名叫做林默娘,生于公元960年农历三月二十三日。林默娘生前为渔民预测天气情况,为渔民采药治病,拯救遇难的渔船,公元987年农历九月初九因出海拯救落难渔民而献出了生命。岛上的渔民建立了祖庙来纪念她,并奉她为海神。

1. "刀轿"的样式

"耍刀轿"用的轿子是按照古代的坐轿制作的,在座轿的脚蹬、靠背、扶手三个地方分别安插刀,故称之为"刀轿"。

2. "耍刀轿"的配备

由乩童和轿夫两部分人组成。乩童坐在刀轿上,由壮汉充当轿夫抬着。乩童作为"神"的化身,准确地说作为神明跟人之间的媒介起到驱妖避邪的作用。乩童所扮演的"神明"角色也各有差异,有"齐天大圣"、"二路元帅"、"三太子"、"哪吒"、"杨公元帅"等等。乩童通过在妈祖庙前的卜

刀轿样式

卦或抽签选出。乩童以成年男子居多,有幸选为乩童的人需在表演前沐浴戒斋三天。

3."耍刀轿"的表演

分为轿上表演和轿下表演两种。

(1)轿上表演。即出游时乩童坐在由轿夫抬着的刀轿上进行表演。表演动作按所表演的角色而定,各有不同。但有一类关键动作是大体相同的,即乩童用自身后背、脚以及屁股用力地碰撞轿子上的刀具,身上会被刀割出一道道令人生畏的血印;或用"铁球"——刺球,不断敲打自己的后背,后背便布满密密麻麻的针孔,显示他们视死如归的气魄。

(2)过火表演。一般选择一块广场空地,燃起一堆火焰,与轿夫协同表演。乩童一般先下轿,一手握宝剑,一手持刺球,单脚跳步进退三四步后走一弧步,时而宝剑横放额头,时而用力甩动刺球击打身体,此后,赤脚踩跳过火堆。然后回到刀轿上,与轿夫一起,以火堆为中心,沿着火堆转圈。为保持轿子的平衡,前边轿夫沿中心位置转一小圈,后边的轿夫就需跑一个大圈,现场气氛因此十分热烈。

"耍刀轿"的乩童坐在轿子上,拿着宝剑、刺球等器械做着各式动作,其手臂长时间舞动,手臂力量锻炼效果明显。特别是用血肉之身抵挡刀

乩童

具和刺球的冲击,展示其独特的高超技艺和过人胆量。而轿夫随着锣鼓声,边走边跳边跑,做着抬轿、摆轿的表演动作,既有腿部的动作,也有手臂和身体的动作。在表演过程中,抬着"刀轿"的轿夫身负一定的重量进行活动,时走时跳、时蹲时跑,上下左右移动,时而直线时而曲线,动作幅度大,运动强度也大,身体各个部位都得到很好的锻炼。

"耍刀轿"是妈祖出游和妈祖回宫时必不可少的节目环节,它起到娱神又娱人的双重作用。参与"耍刀轿"活动的表演者和观赏者,在活动中相互呼应,淋漓尽致地抒发着自身情感,不仅享受到视觉上的冲击,还能感受心灵震撼,增强胆识。同时,"耍刀轿"表达了人们对妈祖的敬仰之情,使得对妈祖的信仰和纪念融入了湄洲岛等沿海地区人民的生活当中,有利于人们尽情享受生活的乐趣,维护家庭的和睦,发扬乐于助人的精神。

三、抢孤

"抢孤"是台湾民间的一种庙会活动中的一部分,距今已有两百多年的历史。在每年的农历七月,即俗称的"鬼月",当地群众通过举办普渡的仪式来奠祭孤魂野鬼,而后将祭品拿来抢夺,成为所谓的"抢孤"活动。它具有年节习俗的民俗体育特点。

台湾宜兰头城镇庙会的"抢孤"活动与漳州龙海庙会的"抢孤"习俗在闽台庙会习俗中较为典型。

漳州龙海市隆教乡每 3 年（一般在年底）举行一次"抢孤"活动。人们通过举办"抢孤"这个活动来普渡因天灾人祸,命丧斯土而无人祭祀的孤魂野鬼,同时为自己消灾解厄。台湾宜兰头城镇的居民多为闽籍、粤籍客家人。"抢孤"活动目的也在于普渡众生,为自家消灾解厄。

台湾宜兰头城镇"抢孤"活动　　　　漳州龙海市隆教"抢孤"活动

"抢孤"有两种说法:一是为了孤魂野鬼抢夺祭品,二是为了吓退流连忘返的鬼魂。

"抢孤"通过以人象征鬼魂的方式来举行,由"抢孤"者相互竞争,顺着孤柱攀爬到孤棚上,而后直上孤栈取得顶上的祭品与旗帜,借以慎终追远、普渡孤魂。

"抢孤"的棚架有两种类型:饭棚和孤棚。所谓"饭棚"又称为乞丐棚,棚架规模较小,大约高 18 尺。意以喂饱孤魂野鬼,使其不至于因吃不饱而危害人间。而"孤棚"比"饭棚"要大,一般供抢孤比赛所用,高约 1 米多。在"孤棚"上面会安置 13 只系着鸡、鸭、鱼、肉、虾、蟹、肉粽和米粉等祭品的孤栈,并挂有金牌和顺风旗。据说将抢到的顺风旗挂在自己渔船的船头上可以保佑自己的渔船一帆风顺,满载而归。

参赛的队伍以5人为一个单位，首先是以叠罗汉的方式借助绳索攀爬上涂满牛油的棚柱，因为涂了油以后，柱子十分光滑，所以爬"孤棚"是十分不易的。"抢孤"手爬到"孤柱"的最顶端以后还要倒挂着翻上孤棚。上"孤棚"后，"抢孤"手需要继续攀爬孤栈，直到将悬挂在孤栈顶端的顺风旗取下为止。

搭建"孤棚"时也有许多禁忌，例如参与人士须吃素斋戒，女性不准触碰孤棚和法器，孩童、戴孝者或怀孕妇女不得接近等等。

"抢孤"是一项结合体力、技巧、勇气和团队精神的民俗运动，蕴含着普渡孤魂野鬼的博爱精神。"抢孤"参与人数众多，且遵循体育活动的基本程序，具有一定的竞争性，参赛者进行长时间且有一定强度的身体活动。比赛之前各队的战略策划以及比赛时的团队合作精神都体现出体育竞技活动的精神。活动在热闹、庄重的氛围中进行，取得身心锻炼效果。

四、霍童线狮

"霍童线狮"是霍童镇"二月二"灯会活动中最具有特色的活动之一，是为了纪念先祖黄鞠公，感恩其为霍童镇灌溉农田、造福百姓的一种民间民俗信仰的表现形式，这个项目具有纪念节日习俗中民俗体育形式的特点。

"线狮"在当地又称为"打狮"、"抽狮"。"霍童线狮"是通过麻线的牵引来操纵狮子的各种动作。"线狮"腾挪跳跃，上下扑闪，一个个惊险的动作让人目不暇接。

"霍童线狮"有黄姓线狮和陈姓线狮两大流派。黄姓"线狮"较为固守传统，而陈姓线狮则较为创新。两大派系各有千秋，各有所长。传说黄姓线狮的老祖宗用布包住棉花扎成狮子的形状，然后系上线绳，将绳子穿过太师椅靠背上的花纹小孔，拉动线绳使得狮子能上蹿下跳，最后演变成一种可以驱邪避鬼、祈福纳祥的祭祀仪式。陈姓"线狮"是由提线木偶演变而来。提线木偶是一种被称为悬丝傀儡的技艺，从明朝至清朝已有数百年的历史，是陈姓家族在康熙年间举家迁徙霍童镇时带入。后来在陈姓师祖的影响下，将人偶变成狮偶。

最早的线狮体型小、重量轻，所以只要有两个艺人用几根细绳就可以将狮偶舞得活灵活现。打狮的艺人一般是站在狮偶身后四五米远的地方，隔着 3 米高的布景台，用绳索遥控狮偶的动作和表情。如今大的"线狮"重达 40 多公斤，小的也有 20 多公斤。所以遥控"线狮"的艺人不仅要有精湛的技艺，还要有良好的体能。

霍童线狮全体队员

"霍童线狮"的表演有单狮（雄）、双狮（一雄一雌）、三狮（一母二子）、五狮四种形式。一只大狮子的表演就要有九条绳索，由六个艺人控制。九条绳索集中分布在狮子的头部和尾部，又叫作头索和尾索。六个艺人站成"丁"字形。站在横位的三位艺人主要是控制"线狮"的上下运动，而站在竖位的三个人则是分别负责"线狮"的左右移动以及狮子的嘴部张合。绳索犹如狮子的神经系统，而操控者犹如神经中枢。通过对绳索的拉扯让"线狮"完成各种指令。例如要让"线狮"做跳跃悬咬绣球的动作，几个艺人就要同时放松尾索拉紧头索，等到狮子挨近绣球的时候，控制狮子嘴部的艺人就要立即拉紧手中绳索，狮子就能顺利衔住绣球。经过历代艺人的实践与创新，"线狮"的表现力逐步丰富，姿态各异，像搔首、伸展、舔毛、苏醒、坐立、朝拜、翻滚、蹲卧、出洞、怒吼、咆哮、依偎、登山、越岭、钻穴、奔窜等诙谐轻巧的动作，以及寻球、追球、含球、吐球、踩球、争球、抱球、抛球等动作均能表演。

"线狮"表演不仅是一种独特的民俗游艺表现形式，也是一种具有独特风格的乔装动物的杂技艺术。"线狮"不但制作工艺复杂，表演时更是需要队员们之间的协力配合，只有彼此之间默契的配合才能呈现出一场精彩绝伦的视觉盛宴。拉线师是个技术活也是个力气活，所以在挑选队员的时候优先考虑队员的力量，需要马步站得稳、手臂力气大的成员。所以为了有良好的体能、娴熟的技巧以及避免在表演时受伤，队员们在平时都会练功夫，训练马步、腰功、臂力的基础功。只有好的武功功底者才能左右开弓，操控"线狮"时才能游刃有余。

五、搬铁枝

"搬铁枝"大约是在明末清初的时候从台湾地区传入福鼎市一带的，至今已经有500多年的传承与发展。它吸收了民间文艺、戏剧、民俗舞蹈等成分，具有非常强烈的乡土生活气息以及闽东地区的渔村风格，是沙埕镇庆元宵，祈求风调雨顺、四季平安、年年有余民俗活动中的一种特定的表现形式，是生活民俗喜庆娱乐习俗中的民俗体育部分。2007年"搬铁枝"被列入福建省非物质文化遗产名录，2008年被列入国家非物质文化遗产名录。

"搬铁枝"，又叫作"台阁"，流行于闽东地区的周宁、福安、霞浦、蕉城、福鼎等地。传统的铁枝是由竹子、木板制作而成的，用人力抬扛，单层，高2～3米，所以又可以叫作"平阁"。随着历史的不断发展，竹、木逐渐被钢管或者铁条所取代，将钢管或者铁条焊接成树枝状并将其固定在车辕上便于搬运行走。每架铁枝高2～3米，上面可以容纳5～7个小朋友表演。小朋友手拿道具或坐或站在铁枝上，表演一些简单的动作或者故事情节。

搬铁枝

"搬铁枝"是指铁枝表演的过程,要完成这种精彩的表演最关键的在于铁枝如何"绑"。"绑"铁枝随着工艺技术的发展也逐渐变化创新。因为铁枝表演过程有移动性,出于对演员表演时的安全性考虑,支架制作材料不断优化,由初始的木制"绑"枝到现在的钢管"焊"枝。因为有了钢管支架的支撑,使得铁枝表演由之前的单层固定表演向如今多层的可转动的表演方向转变。将光与电运用在支架的造型和表演上,演员在表演时可以随着灯光转动,使得表演更具有观赏性。本着发扬民间文化精粹,积极结合现代优秀文化的精神,铁枝表演设计者在传统戏剧文化的基础上融入当代经济建设的内容,赋予其强烈的时代气息,使得表演场面更为壮观,渲染了表演气氛,增强了感染力。

铁枝承重关键部位称为"过枝",过枝设计越隐蔽越巧妙,其艺术表现性就越高。设计者将钢管用各种装饰物伪装成树枝、莲花等等,好似一个可移动的空中花园。"搬铁枝"在游行过程中,时而直线前进,时而交叉回旋,铁枝上的演员如同飘飞在空中一般,灵活生动、惊险无比,是一场精彩绝伦的视觉盛宴。随着对铁枝不断地更改和创新,每架铁枝从最初的2~3米单层表演发展到现在的7~8米多层表演,人物造型由静态转化到动态,表演内容也由传统的戏剧故事添入现今的时代信息,并通过融入LED技术,使得表演更具现代性、观赏性和娱乐性。

沙埕镇"搬铁枝"习俗围绕铁枝这一重要载体,在游行过程中遵循了体育杂耍的基本程序。虽然现在的铁枝都是运用机动车辆来装载表演,但因为表演者大多为孩童,长时间手持道具表演使得上肢力量得到一定的锻炼。在高空和长距离中随着灯光、音乐在铁枝上转动表演,能培养他们良好的空间感、平衡感、乐感和胆识。

六、建瓯挑幡

"建瓯挑幡"是闽北山区建瓯一带为纪念先辈们在郑成功收复台湾战争中的英雄壮举并为壮士传宗接代的祈福仪式,后发展为正月十五踩街活动中和三月二十七日建瓯东岳庙会不可缺少的民俗体育内容之一。

"建瓯挑幡"自明末清初孕育产生以来,经历了清初至民国漫长的演变与形成期、新中国成立之初至 20 世纪 70 年代的成熟与兴盛期、80 年代的冷落和沉寂期、90 年代的新生与转折期、21 世纪初的弘扬与振兴期。特别在最近十来年,"建瓯挑幡"实现了由民间绝活向能登"大雅之堂"的高雅民间艺术的飞跃。

1. 基本内容

"建瓯挑幡"中 10 米多高的长幡数分钟直立不倒,被表演者玩转得游刃有余,呼呼生风。"建瓯挑幡"需要个人力量与技巧运用完美结合,动作要求刚柔相济、动静结合、灵活多变,不拘一格。或肩扛头顶,或牙咬鼻托,或手舞脚踢,或前挑后抛,或左旋右转……主要套路有"手舞东风转"、"肩扛南天松"、"脚踢西方柱"、"牙咬北海塔"、"肘擎中军令"、"腰撑日月星"、"口挑百战旗"、"头顶一片天"、"鼻托乾坤棒"、"单手挑星斗"、"双手揽云霞"、"钢指拨千斤"、"玉女拜观音"、"绕腰醉春风"、"龙凤戏长幡"等十几种基本招式组合而成。可采用单人或多人表演单一招式或组合套路招式,抑或边"挑幡"边玩呼啦圈,增加难度,增添杂技色彩,提高观赏性。发展至今,形成有"男子挑幡"、"女子挑幡"、"少儿挑幡"、"老人挑幡"等多种类型。

脚踢西方柱　　　　　　　　　钢指拨千钧

龙凤戏长幡　　　　　　　　　　　女子挑幡

2. 挑幡的制作工艺

建瓯幡,曾称"建安幡"、"建州幡"、"建宁幡",简称"建幡",以幡体"长"而"重",挑法"雄"而"刚"见称。建瓯幡在形制上要求选用当地盛产的大毛竹作幡杆,尾部套上一个用竹片和彩绸制成的六角宝塔,在其上方又依次套着两只四方形斗塔和一面三角旗。沿幡顶顺杆垂挂一长4米的彩边大红条幅,上可根据需要张贴不同内容的吉祥之词或广告标语。全幡长10余米,重10～20公斤,直立于地,外观给人以"高昂雄伟、壮怀激烈、仰天长啸"之震撼。

具体说来,建瓯幡由幡杆、幡顶、旗杆、幡箍、幡斗、幡幅、幡旗七个部分组成。

(1)幡杆:用一根腰径约15厘米、长6米多的毛竹制作而成。它是建幡的主体部分,所以做工比较讲究,要求材料比较特殊,即必须选用本年度生长、竹节较宽且是长在山坳中的大毛竹。因为这种毛竹柔韧性大、重量轻而不易破裂。这种毛竹在闽北山区之外很难找到。为防止虫蛀,毛竹从山上砍下来后即削去青皮,镂空竹节,埋入泥塘(或稻田里)约三个月,等毛竹的甜味去掉后,再挖出来晾干,然后用火烤直,最后用刨刀或砂纸磨光并刷上油漆。

(2)幡顶:套在幡杆顶部起挑幡旋转作用的六角宝塔,也是建幡的主要组成部分。最早的幡顶为一面旗帜,后逐渐演变成用竹片和彩绸制成的3层六角型的宝塔,四周画有图案或嵌有小彩旗、鲜花、小铃铛等。现在制作的幡顶可以折叠,便于外地演出。

(3)旗杆:用直径约5厘米的苦竹制成,长4.5米,头部通过一根10厘米长的铁螺丝与幡杆的尾部连接。尾部插幡旗,中间套幡顶和幡斗。幡顶会旋转,就是旗杆在起轴承作用。

(4)幡箍:用钢筋焊成比幡杆顶头部稍大的圆圈,并用柔软布条捆扎成2~3公分粗,套在幡杆最底部,便于挑幡时手抓、牙咬、头顶等。

(5)幡斗:多为四方形,用红黄颜色绸布制作,装在幡顶上方,一般为上下两个,主要起装饰作用。

(6)幡幅:由绿色彩边和大红绸布制作,沿幡顶垂挂于幡杆上,可根据需要在幡幅上张贴不同内容的吉祥之词或标语广告等。

(7)幡旗:套在建瓯幡最尾部的彩边红色三角旗,上面贴有"幡"字,现在一般也是起装饰作用。

3. 基本特征

(1)依存性。"建瓯挑幡"伴随着建瓯悠久历史民俗文化活动产生和发展,具有民间民俗文化依存性的特征。

(2)传奇性。"建瓯挑幡"以纪念先辈们的英雄壮举并为壮士传宗接代的祈福仪式发展而来,几经演化,才形成"挑幡"绝技,具有鲜明的传奇性特征。

(3)地域性。依托建瓯丰富的毛竹资源,"建瓯挑幡"主要以当地产的毛竹为制作材料,具有特定的地域性特征。

(4)独特性。"建瓯挑幡"以幡体"长"而"重"、挑法"雄"而"刚"为特点,与幡体"轻"而"短"、挑法"柔"而"媚"的北京、河北、河南等的"中原幡"明显相异,具有独特性特征。

(5)模拟性。"建瓯挑幡"经过民间艺人长期摸索与创新,不断增加动作花样和难度,例如边"挑幡"边腰转或腰手同时玩转呼啦圈,观赏性倍增,因而有杂技性质,具有模拟性特征。

(6)共通性。"建瓯挑幡"技艺精湛,伴随音乐表演,有力量震撼、审美享受的特点,使其具有技能类表现难的共通性特征。

(7)普及性。"建瓯挑幡"带动当地民间男女老少共同参与,具有普及性的特征。"建瓯挑幡"通过不断发展和创新,一改过去只能由青壮年男士才能完成的传统,发展为现代男女老少皆能参与的表演活动。现在的表演既展现出"男子挑幡"豪放有力的传统特色,又展现出女子表演柔中带刚、老人传艺沉着稳重、少儿登场活泼轻快的特点,对其他民俗体育项目活态传承来说具有一定的借鉴作用。

"建瓯挑幡"目前传承仍比较困难。一是因为此项活动技术性强,难度大,要求表演者体力和技能高度协调,有一定的危险性。旧时主要在造船厂职工中传承,社会上有爱好者参与。如今小型企业改制,原造船厂的工人大多自谋职业,没时间训练。二是挑幡需要一定的场地每天训练,容易伤及他人,而场地是个难题。三是缺资金。挑幡虽然评上省级非遗,但无资金支持,基本上是民间自发的传承状态,时兴时衰。

民间挑幡　　　　　　　　　　　少儿挑幡

第五章
操舞表演类民间体育项目

操舞表演类民间体育是指以展示操技、舞艺动作及熟练控制道具内容为主要特征的民俗活动的总称。操舞表演类民间体育形式要求其表演者具备扎实的操舞功底和超强的控制道具的能力。对参与和观赏操舞表演类民间体育形式的人们来说,能起到锻炼身体和愉悦心情,增长见识的重要作用。

一、舞龙

"舞龙"和"舞狮",是闽台地区"迎闹热"的主要内容之一,常担当迎神赛会的游艺表演、宗教祭祀阵头里的主力,出现在春节、元宵及其他重大节日活动中,在福建尤以泉州、莆田、三明等地流行,是民间年节习俗中的体育民俗部分。

龙作为消灾降福、佑人安顺的神兽,是中华民族原始图腾崇拜的象征。舞龙在闽台地区又称"弄龙",是一种武术与舞蹈相结合的民俗体育形式,表演起来气势磅礴,场面壮观,如翻江倒海、地动山摇。闽南舞龙的种类很多,有"板凳龙"、"稻草龙"、"矮子龙"、"香火龙"、"灯笼龙"、"布龙"、"灯龙"等。舞龙的制作技艺、引申寓意等各有差异。

舞龙表演的人数须为单数,代表阳数,寓意"阳盛"。一人持彩球戏龙,是谓"游龙戏珠"。舞龙一般分有穿、抬、捆、小等四类技法。有单龙戏珠、双龙抢珠、群龙呈祥等多种形式;有引龙出洞、龙头穿花、青龙上升、金龙脱壳、盘龙绕柱、走四角、开四门等常规组合。动作表现惟妙惟肖,昂头摆尾、翻滚起伏、回旋穿梭、高耸俯冲,颇为精彩。舞龙除非常讲究技巧、技法外,还十分强调集体统一行动,协调配合,体能消耗也特别大,需要多人替换持续进行。

1. 舞香龙

"舞香龙"又俗称"打香龙",是宁德屏南双溪镇元宵灯会中的一个重要习俗,是客家地区山民为了庆祝丰收、祈求吉祥、富贵、平安,祈望神龙庇佑的农业习俗中的民俗体育表现形式。

舞龙

"舞香龙"距今已经有600多年的历史,发源于元末明初。明朝初期的统治者吸取了元朝灭亡的教训,采取怀柔政策,减轻农民的负担,恢复社会的经济生产,落实赋税劳役的征收政策,出现了政治稳定、生产发展的局面,"舞香龙"习俗也渐趋兴盛。

"香龙"的构造:分为龙头、龙身和龙尾三个部分。整条"香龙"由稻草制作而成。龙头和龙尾较为复杂讲究。龙头扎好后,要用绳子将红纸包成的纸团穿绑在龙嘴里,意为龙珠。随后还需要细细雕琢、上色和画龙点睛。龙身较为简单,只需用较为硬质结实的稻草捆扎成条状或节状即可,每隔一段距离便扎上木把手或钉捆在长约一丈、宽约1.5尺的木板上,每节木板之间用活榫相连接。另外还要配上棕片、棕绳、竹片、木棒、龙角、龙须和龙齿等材料和饰品。最后在稻草上插满特定制作的香火(长约50

厘米,直径约1厘米),制作出来的整条香龙惟妙惟肖。

"舞香龙"的程序:舞龙前,需由村内的权威人士用火把点燃龙身上的香火。在响铳三声、鸣锣三遍、擂鼓三通、执龙头者三声吆喝之后,由锣鼓队开头,"香龙"以龙珠为引导,在舞龙者的高举之下,欢腾起舞出发。"舞香龙"的基本技术动作与传统舞龙技巧相仿,按龙把节数分配人数。"香龙"所到之处,各家各户要用礼炮爆竹迎接,并点上香火插在龙身上,以求神龙庇佑。

与传统舞龙一样,"舞香龙"因龙头较重,要求执龙头者身材高大、身手敏捷,具有领袖气质。"火龙"上下翻滚,时而腾跃,时而滚动,时而盘旋,时而穿梭……舞龙者需要有出众的臂力、耐力等综合体能素质以及舞动技巧,才能将"香龙"控制得当、活灵活现。同时团队成员之间还需要良好的协调性和默契度,只有彼此协调配合才能使"香龙"舞动得如蛟龙出海般蜿蜒腾跃、翻江倒海,气势磅礴。"舞香龙"者扛着香龙,身负一定重量,走跑结合巡游较长时间和距离,并带动众多随香人员一同进行,不知不觉在愉快的气氛中完成,身心锻炼效果突出。

2. 舞龙灯

"舞龙灯"是三明地区人们"岁节"程序中的一个重要环节。百姓通过舞龙灯来祈求龙的保佑,以求得风调雨顺、人寿丰年、五谷丰登,是三明地区农业习俗中的民俗体育表现形式。

(1)"龙灯"的构造

由龙头、龙身、龙尾三个部分组成。龙头和龙尾骨架分为纸制和竹制两种,一般由木板和彩纸,或竹条和布等材料扎制而成。龙身是用竹皮和铁丝制作的。用竹皮做成长约1.67米的圆筒,每个圆筒的中间都插有一根用于舞龙的棍棒,然后再用布或者纸将其包起来,最后在上面彩绘龙鳞,在每节龙身上装上灯即称为龙灯。龙灯一般有九节,多则可达到上百节,节数均为单数。龙又可以根据颜色分为黄龙、青龙、白龙、赤龙、黑龙五种,分别代表金、木、水、火、土。遇到旱灾时人们就玩水龙,遇到水灾时就玩火龙,以祈祷风调雨顺、五谷丰登。

(2)"舞龙灯"的程序

"起灯"前,在头人的带领下,舞龙队要面向东海的方向敬上一对大红蜡烛,敬三炷香,再绕场一周。之后在锣鼓伴奏下,"龙灯"随龙珠腾飞跳跃。有碎步跑、跳、翻、滚、缠等基本动作。基本技术动作有"龙头钻节"、"金龙追宝珠"、"蛟龙漫游"、"蛇蜕皮"、"龙腾跳跃"以及"龙头龙尾齐钻节"等。其耍法多式多样,主要有"单龙戏珠"、"双龙戏珠"、"群龙抢珠"等。"舞龙灯"时而高耸,似直冲云端;时而腾空飞舞,似蛟龙狂舞;时而低下,似入海破浪……"龙灯"被舞者舞得高低错落、蜿蜒盘旋、精彩神奇。

"舞龙灯"是一个集体项目,要求舞者相互之间配合协调。如当龙头高时龙尾就要相应降低,龙头向左时龙尾就要向右摆,相互呼应,强调团队精神,需要集体智慧和团队力量。"舞龙灯"的人还需要眼疾手快,身强力壮,脚步灵活。"舞龙灯"具有很高的观赏性,寓娱乐于运动之中。通过舞龙灯还能陶冶情操,对参与者的体能和意志也起到良好的磨炼。

3. 板凳龙

"板凳龙"是三明市大田县庆祝元宵民俗活动中的重要组成部分,人们通过舞"板凳龙"祈求神龙的庇佑,是年节习俗中的民俗体育部分。

(1) "板凳龙"的由来

第一种说法:相传很久以前,在大田县的一条河里住着一条龙,它想要跃出小河到外面去,但始终跳跃不出,于是便年年兴风作浪,导致村民颗粒无收。后来村内一小女孩得知龙要过河,于是就让其父亲做条板凳,放龙于板凳上,助之过河,从此风调雨顺。人们为了纪念这条板凳上的龙,就用稻草编织成龙状将其捆绑在板凳上,舞起板凳龙来表示人与自然的和谐,祈祷来年五谷丰登。

第二种说法:传说大田发生了史无前例的旱灾,人们天天祈求上天能够降下甘露,但始终没有效果。东海的一条神龙非常同情百姓的悲惨生活,于是违犯天规降甘雨,解救万物生灵。神龙因此受罚而被剁成段扔入凡间,人们为使神龙能够复活,将其龙身全部捡来,用板凳连接。当时正值元宵节,于是舞板凳龙的习俗便流传开来。

(2) 板凳龙的制作

制作"板凳龙"的过程是庄严而又神秘的,龙头、龙身、龙尾均有较为严格的尺寸。制作前,师傅们均需按习俗焚香作唱,祈求制作过程平安顺利。

①龙头：高度达 3 米，气势威严，一般先用竹篾作为骨架，再裱上油纸，最后进行绘画，画上龙的鳞片、眼睛、龙角、龙须等。

龙头

②龙身：相对简单，主要由一节一节特制的板凳衔接而成，板凳长度约 2 米，每条板凳上设置一至三盏花灯。花灯也是用竹篾作为支骨，再用具有透光性的油纸装裱，最后在两侧画上龙鳞和龙鳍，形象逼真，栩栩如生。

龙身

③龙尾：龙尾的板凳比龙身要长一些，同样用竹篾作为支骨，再装裱油纸，最后画上龙鳞和尾鳍。一般还会在上面写上"飞龙在天"、"五谷丰登"、"六畜兴旺"等吉祥的语句。一般龙头跟龙尾是由村里统一制作与保

管的,而龙身由每家每户村民各制作一节,并自行保管。

(3)舞板凳龙的程序

舞"板凳龙"分为出龙、接龙、游龙、团龙、迎龙等程序。

①出龙:摆宴供香将龙头从祖房请出,待响铳响过三声之后,抬起龙头,以示飞腾。同样村民听到三声响铳后,请香放炮将龙身从自家屋内请出。

②接龙:出龙后便是接龙,又可称为"穿龙",即将每节龙身衔接起来。

③游龙:在接龙过程中,边衔接边要让龙一波一折缓缓地上下舞动起来,待最后龙尾都衔接好之后,按照惯例在祖房前进行团龙。

④团龙:龙身以龙头为中心,一圈一圈进行盘绕。龙盘好后,龙头便从中心位置游动出来,寓意"深龙出海"。同时,龙头在龙珠的引导下,伴随着民间锣鼓节奏,缓慢拉动龙身,最后举龙头者踩在同伴的肩膀上将龙头高高举起,以示飞龙腾空。

团龙

⑤迎龙:团龙结束后,迎龙正式开始。家家户户张灯结彩,迎接"板凳龙"。迎龙过程中,会进行一些高难度的动作表演,例如龙头钻阵、游龙戏水、穿花打旋等。"板凳龙"穿梭在街头巷尾、山谷田野之间,所到之处人们都燃放鞭炮和烟花,迎拜神龙保平安。

"板凳龙"是一项具有本土文化特色的民俗活动,是传统"舞龙"运动的特有表现形式之一。它最初是自娱自乐的一项活动,后来逐渐被认可,广受当地群众的喜爱。在长时间的迎龙过程中,所进行的表演动作难度大,需要平时进行专门指导和演练。"板凳龙"是一个集体项目,一条长达上百节甚至上千节的"板凳龙",在路上舞动并且还要变换样式,对舞者的力量有较高的要求,也要求舞者之间合作默契。一节一节的灯龙上下翻飞,在游动中刚柔并济地舞动着,舞者进行长时间和长距离的游走,体力得到很好的磨炼。"板凳龙"带动众多的香客一起进行活动,气氛轻松热闹。因此"板凳龙"不仅具有很高的观赏性,而且具有强身健体的功效。

4. 稻草龙

舞龙闹元宵是我国各地常见的传统民俗活动,且富有地方特色。三明大田太华镇华溪村在元宵时节所舞耍的"稻草龙"是村民利用当地当年丰收的稻草扎制而成的,极富地域文化。当地村民通过舞"稻草龙"来庆祝当年的大丰收,并祈祷来年风调雨顺、五谷丰登。

华溪村的"稻草龙"起源于宋朝,随着陈家祖先——陈七公举家迁移到华溪村,便记录和延续至今。"稻草龙"一般在正月期间由村内懂行的老人,在祖祠利用当年丰收后的稻草编织成龙状,再用稻草编制的草绳串接而成。"稻草龙"最长可达一百多节,短的也有二三十节,每节大概 5 米长。

(1)稻草龙的制作

龙的主体是由稻草编织的,而龙头、龙尾和龙珠则是由香火组成。龙头上插上两根竹子,挂上两盏灯笼当做龙眼。龙珠由插满香火的地瓜制作而成。游龙时一般是由大人扛着龙头和龙尾,由孩童提龙绳,以祈福小孩能茁壮成长,也有望子成龙之意。

(2)游舞"稻草龙"

活动一般是在正月初九(天公诞辰日)和正月十五晚上举行。在三声炮响之后,在锣鼓队的带领下开始沿着村道游龙,在游龙过程中,会进行一些高难度的舞龙动作表演,舞狮队则在龙的两旁助兴,整村的老老少少都跟着"稻草龙"一路欢呼,绕遍整村。如遇家里添丁、建新房或者婚嫁之类的喜事,主人家会在"稻草龙"的出发点摆上供品,待龙游完便会把龙请进自己的家里,龙头会供在主人家的厅堂里受主人家人三叩拜,然后主人

龙头　　　　　　　　　　　　龙珠

龙身

家便拿出红酒犒赏抬龙头和龙尾的人。随后"稻草龙"还会在主人家的房子周围绕上一圈，寓意守护主人全家平安吉祥。

"稻草龙"虽然龙头是由稻草编织的，但有一定的重量，还插满了香火，舞龙时需要格外小心，所以执龙头的人要身材高大，身手要敏捷，要有运筹帷幄的能力，才能指挥龙有序前进。舞龙时时而上下翻滚，时而穿梭前进，长距离、长时间的游走，对舞者的体力尤其是臂力要求很高。由于"稻草龙"的龙身是由孩童所提，所以执龙头和龙尾的大人还需要顾及和配合孩童，这在舞的过程中也增加了一些难度。游舞"稻草龙"很好地培养了大人与孩童之间的感情、默契度和协调性。游舞"稻草龙"带动群众随同行进，具有"健步走"功效，整个活动在轻松愉悦的氛围中进行，身心锻炼效果明显。

二、舞狮

狮是骁勇强悍的百兽之王,与龙一样,被中国人视为瑞兽,常作为驱魔、镇邪、除煞的护法神兽。舞狮在闽南泉州等地还称为"刣狮",意思为"杀狮子",表现勇士持各种兵器与狮子打斗、对练的场面。舞狮是武术与杂技相结合的民俗体育形式,表演起来威武雄壮、险象环生。相传泉州南少林的武僧还曾借舞狮之道传授人们少林功夫,以此训练民众抵御匪寇、抗击倭寇、守护家园。

闽台舞狮所使用的狮子主要分为南狮和北狮两大类。大陆的南北狮以长江为界,台湾则以新竹为界。其中,南狮包括开口狮、闭口狮、醒狮。其中开口狮和闭口狮是闽南人所特有的种类,醒狮是从广东佛山、鹤山等地传播而来的,俗称"北京狮"的北狮则来源于北方地区。

舞狮

舞狮由一人当狮头,一人作狮尾,套上"狮衣"和"狮裤"进行表演。两人特别要注重前后之间的"脚路"步法配合,舞狮头者主要表现狮子情绪,重灵巧;舞狮尾者,主要配合完成各式动作,重腰力和腿部力量。双方协调一致,才能显示出狮子的神态和灵活。通常还会有一位"引狮郎"在鼓声的伴奏下，引导和指挥舞狮者进行动作变换。舞狮之前须进行请狮、起狮、拜狮的程式，步法包括开场时的"麒麟步"、行进时的"七星步"、进退时的"三抛狮"、立身时的"马步上架"和"上肩"、探阵或旋转时的"夹狮"等程式性"脚路"。

舞狮还有文武之别。文狮子强调表情的表达，武狮子强调技巧的运用。掌握狮子情绪和神韵的"灵性"，人狮合一，惟妙惟肖，乃是舞狮的最高境界。狮子情绪神态主要表现为：安逸、慵懒（一般用眨眼睛、理胡须、抓痒、搔耳朵、打呵欠等初醒动作表达）、顽皮（一般用摇头晃脑、摇尾巴、玩物件等动作表达）、威武、精神（一般用探视、大马步移动等动作表达）、兴奋（一般用晃身子、快跑等动作表达）、恐惧（一般用张嘴、神情不安等动作表达）、疑惑（一般用频繁眨眼睛、踩碎步等动作表达）、愤怒（一般用磨角、持胡须、撩腿子等动作表达）。

舞狮需要配备的基本装备包括：狮头、狮背、狮裤、戏狮球、狮鼓、锣、钹、旗帜等。

陈列在石狮市博物馆的北狮头　　　　　　　　**戏狮球**

发源于中国的舞龙舞狮运动一直以来都深受广大民众的喜爱和欢迎，历代相传，长盛不衰，悠远流传。身处中国东南端的闽台地区由于民俗文化历史悠久，原生态底蕴深厚，表现为各地舞龙舞狮的种类形式繁多、风格迥异,由此形成灿烂的龙狮运动文化,值得细致研究和传承发展。

1. 开口狮与闭口狮

开口狮、闭口狮属于闽台舞狮中南狮这一类,主要在台湾地区流行。

开口狮在台湾北部地区及云林仑背一带流行。其中台湾北部的开口狮嘴巴是用筛子(台湾称"敢仔")制作而成,俗称"敢仔狮";狮头全部是雕塑的,立体感强;嘴巴收张启闭自如,开口较大;但因其塑形固定,面部表情比较单调,特别是眼、耳等不能活动。台湾云林仑背一带居住着众多诏安客家人,客家开口狮的狮头主要以木头制作而成,嘴巴形状如四方形的木盒子,又称其为"客家狮"或"方口狮"。台湾北部开口狮主要以"打狮节"为主要舞法,其表演依照舞法由浅入深分为十八节:(1)狮咬脚、(2)狮咬虱、(3)睡狮、(4)狮翻身、(5)踏七星、(6)踩八卦、(7)狮过桥、(8)救狮、(9)杀狮、(10)桌上工夫、(11)桌上探井、(12)狮子血、(13)咬水果、(14)抢金钱、(15)咬青、(16)狮接礼、(17)拜庙、(18)四门到底。目前能做整套十八节的人很少,大多数只能做出四五节而已。客家开口狮被云林仑背誉为"镇庄宝",分青狮和金狮两种。其技艺难度较高,主要由布鸡拳武术发展而来。相传客家开口狮是唐太祖为医治母亲重病,逗其开心而创造出来的。

开口狮

闭口狮在台湾中南部地区及台中、彰化、云林西螺一带较为流行。闭口狮只是对狮头的面部进行雕塑，形状似盾牌，也似面具，嘴巴被固定住，不能开启，头部造型类似农家饲养鸡仔用的竹鸡笼，制作成本比较低廉，俗称"鸡笼狮"。相传闭口狮是黄帝亲自册封为王的狮子，作为一头灵狮，喻表忠心耿直、吉祥如意、辟邪消灾之意。闭口狮的主要舞法包括：参门、四门、踏七星、踩八卦、瞌狮、睡狮、咬青、空中舞狮等等。在不同地区以及不同教练的指导下，各自舞法技巧差异也较大。

闭口狮

开口狮和闭口狮一般都面露犬齿，面部表情塑形得较为凶猛和威严。究其原因是因为早前武馆组织的舞狮表演着重表现与狮子搏斗的拳脚功夫（即所谓的"刣狮"），狮子本身的动作、表情强调较少，也很少设计机关去控制眼、耳、嘴巴的活动。一般不同颜色的开口狮和闭口狮代表着不同的意义。黄色狮子代表文狮，好静；青色狮子代表武狮，好斗。随着社会经济快速发展，交通发达便捷，文化交流不断深入，严格意义上说，台湾岛内的开口狮和闭口狮已经没有南北之分，只是以不同狮队或狮团命名而已。在福建闽南地区，因为开口狮和闭口狮缺乏表现力和娱乐元素，越来越少有人去操弄，替而代之的是表现力较为丰富、娱乐元素较多的醒狮和北狮。

2.北狮与醒狮

北狮和醒狮因其表现力和娱乐元素较为丰富,被越来越多的狮团或狮队所使用,在闽台一带较为流行。

北狮是中国舞狮中起源最早的类型,相传在北魏时期就流传开来。北狮的狮子头一般为立体塑型而成,眼、耳、嘴巴部位能灵巧活动且不围饰绒毛,狮背上披长毛,多为金黄色,舞狮者身上也要穿着与狮子腿部毛色一样的狮裤,以求真实感。北狮表演多以活跃气氛为主,狮子或驯顺可爱,或顽皮可气,或世故稳重,神态逼真,惟妙惟肖,活灵活现。北狮操舞中主要表现惊、惧、喜、踩大球、擦痒、舔毛、抖毛、打滚、啃蹄、假睡、吃东西等基本体态,配合展示柔顺、细腻、活泼、灵动、神采、欢快、轻巧、诙谐、温顺等基本性格,侧重于扑、跌、翻、爬、蹲、退、滚、跳跃、串高、腾转、踢球等基本动作。

北狮

福建省石狮市蚶江镇溪前村的金凯圣醒狮团,1980年创立,它的前身是"溪前舞狮队",建团初期仅有6人,至今规模已达到50人左右。荣获"全国农民运动会冠军"和全国"龙狮锦标赛"北狮项目四连冠,世界"龙狮锦标赛"两连冠,被国家体育总局授予"北狮王"荣誉称号,并晋升北狮国家 A 级队。

金凯圣醒狮团团长蔡奕品,是金凯圣醒狮团北狮创始人。他在 13 岁时为了谋生加入晋江杂技团,当时杂技团中有 2 只作为表演用的狮头,蔡奕品是舞狮的表演者之一。20 岁离开杂技团,回家讨海。回家后,除了外出讨海和务农,闲余时间经常参加周围村子的祭祀及各种喜事,他召集村里兄弟开始创建北狮团体,研究、观察狮子和老虎的动作、形态,包括它们凶悍的神情;向当时村里表演杀狮子的师傅请教用各类兵器杀狮子时的不同形态,以及如何闪、躲等动作。

蔡奕品比划舞狮动作

闽南地区一般在祭拜或者开业的时候会请狮队助兴表演,仪式上有给狮子点睛、采青等表演。北狮在参加比赛或者表演之前,都必须燃香拜关公。虽然北狮并没有传男不传女的说法,但由于体力耗费大,所以一般没有女子学,学者都为男子,一般学至 9 个月就可以参加演出,要达到技巧娴熟则需要 2~3 年。北狮能发展至今,也是因为许多人有强身健体的需求,因此现在蔡先生的弟子有上百人,其中包括许多港澳同胞。

据蔡先生介绍,每到制作狮头的时候要起早贪黑,天还未亮就得开始准备材料,速度快的话用竹篾编制出狮头的形状,一天可以编一对。一对狮头从编筐、画、安装至成品,需要十一二天的时间。制作狮头时没有什么特别的禁忌,但如果保持愉悦的心情,做出来的狮头也会比较有灵性。一个成品大狮头重约9斤,狮身(皮)长150~180厘米,宽130~140厘米。以前狮身(皮)都用虎皮代替,现在都找专门的裁缝店制作,过后自己再往狮身上缝毛。

3. 北狮狮头制作工序

(1)编筐:用竹篾编制出狮头的造型,制作过程中先做底圈。

(2)粘布:事先将化学塑料米绞碎,加水煮沸后,将纱布放入沸水中浸泡。再将浸泡后的纱布绑在已编制好的狮头上。为了绑得更牢固些,纱布需要从狮头的中间向外延伸缠绕。

(3)晾晒:把用纱布捆好的狮头置于烈日下曝晒至纱布干后。

(4)制麟角:把铁丝捆成球状,纱布包好后,再用铁丝固定在已经做好的狮头上。母狮子的麟角一般多于公狮子。

(5)制眉毛:把铁丝捆成螺纹状(偏小),纱布包好后,同样用铁丝固定在已经做好的狮头上。数量上一侧4个,共需制8个。

(6)制耳朵:用竹片塑出耳朵的形状,同时用十字形竹片固定,纱布包好后,用铁丝穿过十字形竹片的中点固定在狮头上。

(7)制眼睛:先用一层薄布塑成漏斗状后,再用纱布层层叠加直至有一定厚度。

(8)制下巴:用竹篾编制,中间用竹条固定牙齿,底部穿铁丝固定在狮头上。

(9)制嘴唇:用竹篾塑出嘴唇的形状,包上布,再用铁丝固定在狮头上。

(10)制舌头:用布制成,常常会多做几层,体现出厚实感。

(11)画:现在一般用颜料来绘画,以前是提取出不同植物的不同颜色来绘画。绘画时,公狮子一般偏爱用青色颜料,母狮子一般偏爱用红色颜料。绘画的技巧是在观察狮子的神情后,自学自创而来的。

(12)缝装缨毛:旧时缨毛是将一种类似芦荟的植物,用刀层层削后留下其根部,洗净后,把不同种颜色的植物捶打成汁后,将汁染在已经削好的根部上。后来,也有用尼龙绳替代。

(13)安装:安装下巴、嘴唇、舌头、眼睛、耳朵、顶布(公狮为绿色,母狮为红色)等。

4.北狮与南狮的基本区别

北狮与南狮的基本区别

名称	场地	狮身(皮)	要　　点
南狮	梅花桩	轻	模仿狮子找食的动作、神态
北狮	桌面	重	模仿狮子饱食过后玩耍的动作,其中翻滚动作较多

醒狮源自广东,起初以"瑞狮"为名。相传乾隆下江南游玩迷路,被一只带有麟角的狮兽领路救出,为感谢此兽,赐名为"瑞狮",寓意长寿、祥瑞之意。民国十七年(1928年),济南"五卅惨案"引发游行热潮,由此爆发广州游行学生被杀事件,激起全体广东人抗议,因"瑞"字广东话发音与"睡"字相同,为激发国人爱国情操,期盼中华这头睡狮猛醒,站起来抵御外国人的欺辱,故将"瑞狮"之名改为"醒狮",而后广东的所有狮团都改名为"醒狮团",沿用至今。

醒狮的狮子头也多为立体塑型而成,眼、耳、嘴巴都可以活动,并多装饰有绒毛,狮背上也多装饰条状形的绒毛,在头顶上还会长出一只角,形态憨厚可掬。醒狮也有文武之分,颜色十分丰富,金、黄、橙、红、青、黑,用花色和装饰代表不同的意思。文狮中,带有长须、金色面的狮子称为华佗狮(亦指所属武馆有医病治伤的能力);带有长须、竹笋角、黄色面的狮子称为刘备狮(寓意仁民爱物、忠孝两全)。武狮中,带有短须、青鼻、黑角、黑白面的狮子称为张飞狮(寓意忠心耿耿、性情纯

醒狮

厚);带有牙刷须、铁角、华青面的狮子称为赵云狮(寓意力扶幼主、进退有节);带有银白须、橙色花面的狮子称为黄忠狮(寓意老当益壮)。当然也有代表文武双全的狮子,带有牙刷须、青蓝色花面的狮子称为马超狮(寓意文武兼备、德才兼备);带有长须、竹笋角、红青面的狮子称为关公狮(寓意忠义千秋,义薄云天)。

醒狮舞法特别注重步法和马式,强调功夫与智力并用。采青是醒狮典型的操舞形式。采青又分为采高青(擎天柱、上碟、上膊三种方法)和采地青。其中,攀爬柱子是谓擎天柱,爬登搭建双层圆台是谓上碟,踩在肩头是谓上膊。采地青主要以表现功夫与步法为主,包括蜈蚣青、橘子青、盘青、八卦青、七星伴月青、毒蛇青、桥头青、蟹青、五福临门、七星阵等等。

三、采茶灯

"采茶灯"起源于龙岩市新罗区苏坂乡美山村,在农历新年、元宵节、庙会等重要民俗活动时,"采茶灯"就会与舞龙舞狮等一同表演,它具有年节习俗中的民俗体育形式特征。

龙岩地区山多,成为乌龙茶、高山茶等生产基地。人们根据采茶活动时的情形,创编了采茶灯歌舞。即通过歌唱与舞蹈表现出人们在上山采茶过程中欢乐愉快的心情,同时也表现出茶园、蝴蝶、鸟儿等大自然和谐之情,充分展示了浓郁的乡土气息。

采茶灯的音乐旋律优美,节奏明快,曲调简单,朗朗上口。早期的采茶灯包含着说唱、戏曲和舞蹈。每年采茶时节,茶女们上山采摘新茶休息时,便会聚集在一起演唱茶歌,配合着采茶的动作和捕捉蝴蝶的动作,久而久之,动作逐渐多样化,表演内容变为丰富,形成了"正采"、"倒采"、"扑蝶"等主要内容。[1]

---

[1] 《采茶灯》歌词:百花开放好春光,采茶姑娘满山冈。手提着篮儿将茶采,片片采来片片香,茶树发芽青又青,一棵嫩芽一颗心。轻轻摘来轻轻采,片片采来片片新。采到东来采到西,采茶姑娘笑眯眯。过去采茶为别人,如今采茶为自己。采满一筐又一筐,山前山后歌声响。今年茶山好收成,家家户户喜洋洋。

采茶灯

　　"采茶灯"的表演者：由八位采茶姑娘（身穿大红彩莲衣，在腰上系扎绸带，一手执折扇，一手提花篮灯）和茶公（身穿汉衣，手中执一把大蒲扇）、茶婆（梳着银宝头，身穿蓝色宽锦边襟衣和罗裙，在腰上扎着绸带，腰系花围裙，手执麦秆扇）、武小生、男小丑等12人组成。

采茶灯

　　"采茶灯"的形式：早期歌曲、舞蹈和服装都保留着古代中原的风味，戏曲味道比较浓重。20世纪50年代以后，"采茶灯"不断被改进，剔除了说唱、戏曲的部分,只保留了歌舞部分。

"采茶灯"的主要表演动作:以轻盈细碎的舞步为主,配合着鼓、钹等民间乐器伴奏。表现过田埂、避草丛、登山路、过木桥和扑蝶等情景,时而"正采"时而"倒采",一边劳动一边嬉戏游玩。其中"扑蝶"动作较为灵巧多变,包括单扑、对扑、环扑等动作。

采茶灯的基本舞步风格独特,步伐轻盈细碎中又带着细微的粗犷,表演时要求身姿挺拔,变换花样以穿插队形为主,花式有几十种之多。表演时,采茶姑娘右手持扇,左手提花篮,边唱边跳,这要求平时在柔韧、耐力、肺活量等方面训练有素。采茶灯动作细腻优美,节奏明快清晰,曲调嘹亮高亢,舞姿矫健诙谐,生活气息浓郁,人们观赏时容易受其感染,锻炼身心的功效明显。

四、红龙缠柱

春节期间,连城县庙前镇庙前村江氏"树德堂"祖祠会进行"红龙缠柱"活动。"红龙缠柱"距今已有200多年的历史。据《连城客家节庆民俗文化》史料记载,"红龙缠柱"的初创者——江氏十四世祖认为连城有滚龙,但可舞却没有灯;姑田有灯龙,但有灯不可舞。于是,各采其长,自创一种可舞又有灯的红龙。后来江氏的十七世祖——江流民把此龙舞带到广东韶关的"福建会馆"传艺,当地粤人非常喜欢。历史记载"红龙缠柱"在连城南部的庙前、新泉等地流传,而其他周边地方却较少见到,因此是连城南部客家人特有的民俗文化瑰宝。

1. 红龙制作

庙前的红龙,由龙头、龙尾、四节龙身和五个龙珠(其中一个备用)组成,全长约10米。红龙用竹编成骨架,用红色为主的彩纸糊就,故称红龙。一般而言,红龙的龙头可使用多年,竹料采用陈竹,而不用新竹(新竹太嫩,易生虫),用纸揉成线(而不是棉线或铁线)绑制而成。龙头与第一节龙身之间,用一条约2米长的红色龙布连接。

红龙缠柱

2. 舞龙

群众力求"龙凤呈祥"好兆头,鸣鞭炮迎龙进厅。在"苏州锣鼓"伴奏下,龙先在厅堂点头致礼,随即开始抢珠。龙身及龙尾不舞动,只跟随龙头行进。要从一珠抢到四珠,然后在上下厅堂的四根柱头间走倒8字形,从左到右分别缠住柱身,分外壮观。每缠一柱,都要以抢一次珠的舞步起舞,故每进厅一次龙舞须历经半小时以上,每条龙约有30人参加。庙前镇近万人口,每年春节有10条红龙比舞,成为一种群众性的健身娱乐民俗活动。

3. 武术元素

"红龙缠柱"有严格的步法,讲究套路,其一招一式都结合了武术套路,代代传承。舞龙头者结合连城"六九拳"或少林拳术"四平步",舞龙珠者多用武术棍棒中的"四勾拔"等动作,包括龙头吸珠、龙头赶珠、雪花过颈、龙珠大翻身、海底藏珠等。

五、打船灯

"打船灯"是闽西武平县、长汀县、永定县、上杭县、连城县等客家地区在春节、元宵节等节庆活动中常见的表演形式,是年节习俗中的民俗体育部分。

"打船灯"(又名"踩船灯"或是"舞船灯"),它以船形灯为道具,舞蹈和音乐相配合而进行表演,走村串户,自娱悦人,表达"接丰收、庆太平、度佳节"的喜庆之情。虽然戏名带着"船"字,但并不在水里表演,而是在陆地上,所以又叫"旱地船灯"。

1."打船灯"的由来

相传清朝乾隆皇帝密游江南到达福建沿海时无地可住,便投宿于一渔船上,得到船家一位老人和孙女的热情款待。在接触过程中得知此船家经常受到周边渔霸的欺负,生活十分艰难后,乾隆皇帝赐予"渔家乐"金匾、"圣旨"金牌和夜明珠各一个,让其安放于船上,以示震慑和警告,从此周边渔霸再也不敢欺负爷孙俩。爷孙俩也因有夜明珠之光,不论风雨黑夜均可出海捕鱼。后人根据这一传说,创作出"船灯"这一民俗节目。

2."打船灯"的分类

"打船灯"分为双人船灯和单人船灯两类。

(1)双人船灯:表演时一人藏身船舱以挎带扛起船灯,艄公艄婆分别站立于船头和船尾,手持单桨,边划边舞,边说边唱,表演各种船灯小戏。

双人船灯

(2)单人船灯:此船灯船体较小,无船篷,由演员一人挂在肩上,边划边唱边舞蹈。

双人船灯队只有一艘船,单人船灯队则多艘船同时表演。

单人船灯

3."船灯"的制作

船灯的道具十分简单,一船一桨而已。材料主要为毛竹、色纸或各色布料。船灯长约2.5米,宽约1米。制作时先以竹篾或木条制成一个长约3米,宽约1米余的船形骨架。中间扎成一座四方形的画舫,内能站人以扛起船体,画舫舱架也以白布或彩纸粘贴。前后开舱门,左右开小圆窗。四周挂上小灯笼、小流苏、彩花、彩珠和人物纸塑等。船窗、舱门两侧都贴吉祥楹联、"福、禄、寿、喜"金字及"八仙过海"、"五女拜寿"、"三顾茅庐"等各种古人剪纸及窗花。舱内和外四角装上彩灯,点上蜡烛。有的还从船舱顶至船尾顶,用彩布搭建一平顶船篷。篷边也饰以彩带、流苏、小灯笼之类。

4."打船灯"程序

船舱内由一人用挎带扛起船灯,利用各种步法,配合艄公和艄婆边划边舞、边说边唱的动作和节奏,左右、前后不停摇摆,模仿船灯在各种江河中航行的状态,如顺风、逆水、上滩、下滩、摇船和拖船等,诙谐幽默,变幻无穷。双人"打船灯"表演的三人中,一男子在船舱中负重肩扛船灯,以各种摇晃姿势卖力表演,对自身的体能是一种有效锻炼。船头"艄公"和船尾"艄婆"模拟表演顺风、逆水、上滩、下滩、摇船和拖船等操舞动作,具有一定的有氧健身效果。"打船灯"对观赏者也起到一定的愉悦身心的作用。

六、玩鱼灯

"玩鱼灯"自清朝道光年间就被视为一种可以招来胜利、带来吉祥、具有很强的娱乐性的民间传统习俗,至今已有180多年的历史。茶东坑的"玩鱼灯"是泰宁城区每年元宵夜晚活动中备受人们喜爱、最令人赏心悦目的民俗活动,是年节习俗中的民俗体育部分。

距三明泰宁县城约20里处,坐落着一个四面环山、景色怡人的小村庄——茶东坑。由于该地地势较高,以山岭为主,因此世世代代都以种田为主业。为了消除一年辛苦劳作积累的疲惫,并庆祝丰收,当地百姓就自发组织、制作并排练群众性的玩灯活动,用来祈祷来年的吉祥和风调雨顺。"玩鱼灯"是当地百姓庆祝丰收、祈祷来年吉祥如意活动中的核心要素和必备道具。

1. "鱼灯"的制作

茶东坑的鱼灯都是一年一换的,技艺不断创新,水平逐年提高。

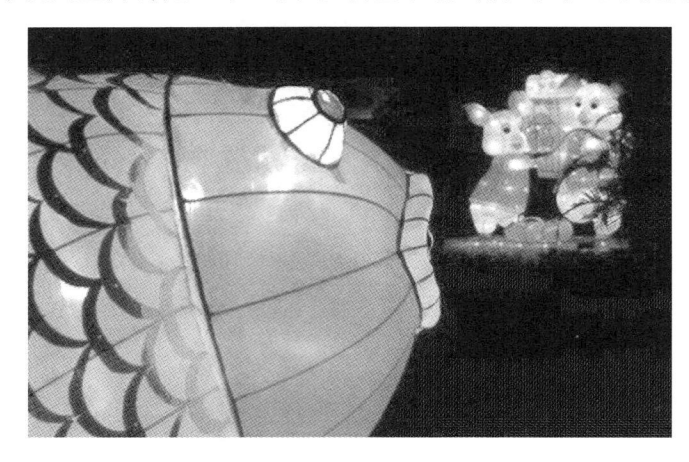

鱼灯

(1)模型制作:必须用上等竹子制作鱼形骨架,细腻光滑的优质竹材料是模型具备灵活性和真实感的基础。两侧鱼鳃框架弯曲角度要求精度高,鱼头、鱼尾两侧必须对称。

(2)鱼鳞剪花:鳞花的材料是薄且光滑的红纸,鳞花须粗细均匀,大小、比例协调一致。

(3)鳞花粘贴:先在模型上贴上一层易透光且很薄的棉白纸做衬底,再将鳞花粘贴上去。粘贴时双手要拉出花的形状,使得鱼鳞具有立体感。拉花力道要把控好,以免将鳞花拉断。

(4)"画龙点睛":由艺高手巧的师傅用红、蓝、黑三种颜色描绘鱼鳃与鱼翅。

(5)将制作好的灯放入"鱼肚子"里点燃,再加上手提的竹子把柄。

2."玩鱼灯"的程序

每年正月十五夜晚,将鱼灯按照一定的顺序排成灯龙,配合着锣鼓声和鞭炮声将鱼灯舞动起来。完整动作包括戏游、结伴、冲浪、出水和跳龙门五大类,动作神似鲤鱼在水中生活的习性与游水动作,时低时高,腾空而起又直跳龙门,场面尤为形象生动,栩栩如生,活灵活现。

"玩鱼灯"耗时长,参与人数众多,人们在舞鱼灯的过程中,手持一定重量的鱼灯,结合着走、跑、跳等进行巡游表演,活动热闹,氛围轻松,具有很好的强身健体愉悦心情的效果。

七、拔烛桥

"拔烛桥"是流传于福建省武夷山市兴田镇枫坡村的独特的民间社火活动中的一部分。该活动在元宵节进行,最初是由清咸丰年间的一种禁赌仪式逐渐发展而来的,最后成为该地区元宵节的活动之一,是年节习俗中的体育民俗部分。

相传,清咸丰八年,邱美金的父亲见到自己的家乡盛行赌博,土地荒芜,民不聊生,于是就声称:由于赌博的瘴气太大,导致麒麟看不见农田,村里乌烟瘴气、人畜不兴旺,于是要求村民制作花灯与桥架,将其举着绕村游行,然后将其投入火中与赌具一起焚烧掉,以清除瘴气,求得麒麟的保佑。久而久之,这个习俗就形成了。

"拔烛桥"是指由参与者舞着相互连接的、可插上百个蜡烛的桥架绕着村庄游走，最后将赌具和村民制作的花灯一起焚烧。

1."烛桥"的样式

由上、下两层木架组成，上层可插两支大号蜡烛，下层露出可抓握的把手，两头与前后的木架用可活动的木插销相连接，方便操控。连接好的木架子如一条弯曲的木质长龙，拉直来看，又似山涧溪流上的木架浮桥。夜晚时，可点燃"烛桥"上的蜡烛。

拔烛桥

2."拔烛桥"程序

该活动从元宵节的中午持续到午夜，为期3天。"烛桥"队前通常会有花灯队，一般由长者率两名男童提着吉祥花灯为舞灯队开道，紧随其后的是吊串着大约2米长竹竿的高照灯队、孩童、未婚年轻女性以及抬花灯鼓亭者穿排在队伍中间。压轴的是"烛桥"队，每当队伍到达拐弯处，"烛桥"便像舞龙般被舞动，同时大声呐喊，操舞飞奔、盘旋、翻滚等各式动作。整支队伍在村间巷中游走时，各户人家都要上香烛迎候，以祈求平安。"拔烛桥"过程中，必须开展有特色的"扯龙"和"围龙"活动。

（1）扯龙：类似于现代拔河比赛，烛桥两边的人群相互对拔。如果一方先输了的话，那么另一方，即胜利方要让输方回拔回去，这样来回对拔三次，代表着礼让三先、尊亲睦邻的友好情意。

(2)围龙:当"烛桥"在村道上舞动时,用"烛桥"随机围住路上的行人,围到路边稻田里,被围到田里的人身上越是脏乱就越象征在新的一年里将会福星高照、吉祥如意、好运连连。

"拔烛桥"很好地将体育锻炼、娱乐和休闲融于一体,人们长距离扛着烛桥按线路行走,身体得到了锻炼。其中"扯龙"活动类似于拔河比赛,对抗性特征突出,获胜方容易从中获得成就感和满足感,健身健心功效明显。同时整个活动是在整村其乐融融与热闹非凡的氛围中进行的,凸显其娱乐效果。

八、三公落水操

"三公落水操"是漳州长泰县岩溪镇珪塘村的一个民俗活动,距今已有几百年的历史。每年的正月十七日晚在村内普济岩前的池塘举行,于2008年被正式列入省级非物质文化遗产名目。此操是珪塘叶氏家族为了纪念"宋代三杰"(指文天祥、张世杰、陆秀夫三位民族英雄)忠贞保国的民族精神而创立的。

1. "三公落水操"的人员组成

挑选身体强健的男性,以组为单位,每组6人。池塘四周站满手持火炬的火炬手。

2. "三公落水操"程序

由抬神像落水"犁神"、踢火堆、请火、火炬巡街四个部分组成。整个过程要经历4~5个小时。

(1)落水"犁神"

将辇轿从普济岩中抬出,请出神像放于辇轿内,6位壮士抬辇轿跑向普济岩门口的池塘,神像连人一同下到1米深的池塘中。入池后,抬轿壮士绕着池塘四周上下左右、翻来覆去使劲摇晃辇轿游走三圈,这一过程称为"犁神"。一组完毕后,上岸,下一组按相同方式进行,直至所有组都完成这一程序。

落水犁神

(2) 踢火堆

"犁神"结束后,按祭师、辇轿、旗手和火炬手的先后顺序依次踏过庙前火堆,以示出门平安之意。

踢火堆

(3) 请火

在锣鼓的开道下,众人朝大阪社去请火。

(4)火炬巡街

请火回来后,火炬手们一齐聚众巡街,总共跑4趟,每趟往返距离大约3公里,沿途村民各户用烟花、爆竹迎接。火炬手们从轰鸣的烟花爆竹中跑步前进,从容无畏,展示他们的勇气。

火炬巡街

"三公落水操"作为珪塘村民间传统的民俗活动,不仅展现了闽南地区特有的民族文化,也充分展示了当地居民崇尚"忠"、"义"、"勇"的儒家传统精神。整个过程中很多地方要依靠人的身体运动来完成,要求参与者具备良好的身体素质和运动能力,特别是落水"犁神"和火炬巡街这两个环节,充分展示了参与者的个人身体素质和团队配合精神。落水"犁神"时,参与者在冰冷的池水中摇晃神像游动,不怕严寒,奋勇前进,这就要求参与者兼备必要的力量、耐力、速度,以及良好的身体协调性和配合默契度,才能够在水中操控自如。火炬巡街时火炬手们往返行程长、时间久,也需要具备良好的速度、耐力和意志力,才能坚持不懈地奔跑完全程。

因此,"三公落水操"对锻炼人们的力量、耐力、速度等综合身体素质,培养人们坚持不懈、持之以恒的意志品质以及不畏艰险、勇往直前的奋斗精神具有实践意义。

九、宋江阵

宋江阵亦称"套宋江"、"宋江仔"等,是闽南地区民间传统艺阵表现形式之一。宋江阵属于武阵,表演形式是只舞不歌,经常在传统节日(例如春节、元宵节、中秋节)和民间庙会驱邪镇魔扫除疫鬼的清醮仪式中表演,流行于闽南的泉州、晋江、南安、同安、翔安,以及台湾屏东、高雄等闽南人村落中。

1. 宋江阵的由来[1]

关于宋江阵的由来,众说纷纭,大致包括如下几种:

(1)源自明朝戚家军的"藤牌舞"或"鸳鸯阵";

(2)源自郑成功军队的"藤牌兵"或"五花操兵法";

(3)源自南少林的"实拳",由南少林五祖鹤阳拳师蔡玉鸣所创立;

(4)源自《水浒传》中宋江率梁山好汉攻城略地时所采用的阵形、阵法;

(5)源自闽南地区地方组织的自卫性团队的武术形式。

2. 宋江阵的人员配备、器械使用、阵形种类

宋江阵表演多在迎神赛会、割香、巡境等民俗信仰活动中进行,起到酬神娱人、营造热闹氛围的作用。表演时人数可多可少,一般有36人或42人、56人、72人,最多时可达到108人,目的是与《水浒传》中36天罡星和72地煞星英雄人物的108术数相配。宋江阵表演时所使用的兵器和所采用的阵形都是十分丰富的。兵器方面,刀、枪、剑、镰、钩、盾牌等十八般兵器样样俱全,同时还与水浒英雄人物相呼应,如:正旗(呼保义宋江)、副旗(豹子头林冲)、双斧(黑旋风李逵)、单斧(青面兽杨志)、大刀(大刀关胜)、单刀(霹雳火秦明)、雨伞(母大虫顾大嫂)、双棍(玉麒麟卢俊义)、双

---

[1] 王煌彬:《厦门翔安区赵岗村"宋江阵"调查报告》;刘芝凤:《台湾高雄市内门"宋江阵"调查日记》,课题组成员调查报告。

剑(一丈青扈三娘)、铁鞭(双鞭呼延灼)、双刀(母夜叉孙二娘)、三步尺(小旋风柴进、没羽箭张清)、敢挑尺(行者武松、金枪手徐宁)、四门尺(浪子燕青、花和尚鲁智深)、叫吓尺(拼命三郎石秀、船火儿张横)、藤牌(阮氏三雄:阮小二、阮小五、阮小七)、跶刀(九纹龙史进、混江龙李俊)、耙子(三叉)(两头蛇解珍、双尾褐解宝)、扣仔(钩镰刀)(插翅虎雷横、青眼虎索超)、九尺(神行太保戴宗、小李广花荣、急先锋索超)、丈二(入云龙公孙胜、赤发鬼刘唐、小霸王周通、独火星孔亮、白花蛇杨春、小慰迟孙新、金眼彪施恩)等等。这些人物使宋江阵有厚重的历史感。

翔安区赵岗材是个农耕村落,所以其"宋江阵"在器械使用上常用农家劳动工具代替,如锄头、扁担、铁耙、木棍、竹竿等。

阵形有走蛇泅、龙吐耳、蛇脱壳、跳四门、跳中尊、田螺阵、双套、连环套、蜈蚣阵、黄蜂阵、美蝶阵、交五花、死梅花、连环八卦阵、开斧、排城、破城、跳城等十几种。

3. 宋江阵的操练表演程序

宋江阵的操练表演程序并非是一成不变的。通常会根据规模大小、参演人数的不同进行一定的调整和变化,而且不同地区和不同村落所表演的宋江阵也会保留着当地的传统形式、风格和特点。

(1)开场。由主副旗手举着绣有"替天行道"的大旗前导,俗称"宋江舞大旗"。

(2)个人操演。队伍分两路出城("城"是用布条拉起象征而成的),俗称"黄蜂出巢",进行单兵演练,如"黑旋风李逵挥舞双斧"、"花和尚鲁智深舞禅杖(用四门尺代替)"、"金枪手徐宁使开钩镰枪"、"赤发鬼刘唐耍丈二"、"两头蛇解珍、双尾褐解宝舞弄托天叉"……梁山泊众好汉轮番上阵,十八般兵器各显神通。

(3)双人操演。单人表演后进行对打表演,如"正旗对双斧"、"副旗对三步尺"、"关刀对单斧"、"单刀对雨伞"、"单枪套双剑"等等。

(4)多人操演。主要是3~5人进行相互格斗。

(5)集体操演。运用各种阵法,如"蜈蚣阵"、"美蝶阵"、"八卦阵"等,以示攻城略地。集体循环对打、集体大绕阵也轮番上演。

(6)收场。一般以"大刀关胜挥舞青龙偃月刀",宋江阵收兵入城来结束整套操演程序。部分地方在结束时也会兼演"刣狮"(即人与狮子的格斗),来表现宋江阵队员的勇猛和顽强,以此营造结尾高潮。

台湾屏东宋江阵

赵岗村宋江阵建于公元18世纪初,清朝中期,由于当时朝野混乱,社会动荡不安,抢劫盗窃盛行,百姓人心惶惶,官府鞭长莫及,于是村里的有志之士组织青年习武,主要以太祖拳、棍术为主,以便抵御外来入侵,保一方平安。后来,把《水浒传》的故事套上去,排练成阵,便有了阵势,俗称"宋江阵"。

赵岗村宋江阵以36天罡、72地煞来排练,但从来不能108人齐上阵,因为梁山泊达到108人时就开始落败,所以赵岗材宋江阵以36天罡或是72地煞的形式来表演。表演者手持兵器,有盾牌(藤竹编制而成)、锇仔刀、大刀、关刀、双刀、双剑、长叉、单斧、丈二长矛、齐眉棍等十八种兵器。表演在锣鼓钹的鼓舞助兴下,不断变化队伍。阵式包括巡城(长蛇阵)、排城破城(八卦阵)、跳中城、龙卷水(分阵即分成两阵成蝴蝶阵),成太极阵收阵,以黄蜂归巢和黄蜂出巢两种形式变化。在阵形的运动和变化中还有一头舞狮逆阵运动。最后把狮子围困在阵中央,猛狮无法冲出阵,在阵中横冲直撞,这时以舞狮为主,最后狮子累了困在阵中。紧接着是流星槌正副旗、盾牌大刀、单斧等套路表演,套路表演结束后以各种兵器对阵,打四面(即棍和四面盾牌对阵)、奄鸡走、登高杆、打空拳。最后宰狮子,以几种兵器和狮子对练。

新中国成立后,赵岗宋江阵成了一种民俗文化技艺,当某个场合需要表演时,都可承担演出任务。如:1958年参加同安前线三岛慰问表演。1980年同安庆"五一"厦门市园林局公园表演,1997年7月1日同安庆香港回归,2000年同安世界联谊会等等,赵岗宋江阵都应邀参加表演。

赵岗宋江阵成立至今已有190多年的历史,到目前已是第九代。历年均是以老教新继承,涌现出一批高手。第三代队员王天长(又名王长春)是一名勤学苦练的高手,达到"走水面,捉壁走"的境界。第五代王克已已掌握全套功夫,并到同安、南安等地传授技艺。第七代王卖、王大边等人到南安下房、同安汀溪造水等地传授宋江阵技艺。第八代王文艺被授予省级非物质文化遗产传承人。王文默、王民族被授予市级非物质文化遗产传承人。王文良在2012年2月参加香港第十届国际武术节获得两金一银一铜的好成绩。赵岗宋江阵一方面用于抗击外来的侵扰,另一方面维护自身文化的传承,这样代代相传,给本地区的传统民间艺术打上烙印。

台湾高雄市内门区宋江阵也已有几百年历史了。据说是先祖从福建(泉州)带来的。其表演与赵岗材宋江阵相仿。可喜的是,内门的宋江阵传承较好。

2012台湾高雄内门宋江阵会标

内门的每个村都有不同的阵头。人口多的大村可组36人以上的武阵宋江阵,人口少的小村就组文阵,如七里响阵、桃花过渡阵、北管等。全乡文武阵共50多个,仅宋江阵就有10多个。

台湾的民间文化非常丰富,在节日庆祝或法师活动中,经常能看到各类游艺阵头前来助兴。台湾高雄内门因民俗艺阵保存最为完整,被誉为"民俗技艺文化故乡"。自从2005年以来,每年在妈祖诞辰时高雄内门都会举办"台湾大专院校创意宋江阵头大赛",借此让台湾各地大专院校的同学学习传统宋江阵文化,感受宋江阵之精神。2012年3月3日至3月11日在台湾高雄县内门紫竹寺中举行该年度宋江阵武林大会。2014年3月13日内门区紫竹寺前又布擂台,从白天到晚上各村宋江阵上台竞技。

2014年3月12—16日是高雄市永安乡维新里12年一次的清醮进香庙会活动的时间。12日晚,各地阵头到海边清醮布阵,13日中午,所有文、武阵头又涌进"三乃娘"(陈靖姑)庙去进香。

高雄各乡村宋江阵使用的古代兵器

4. 宋江阵的发展与传承

目前,由于社会经济快速发展,导致城市间交流、观光旅游活动不断增多,宋江阵也逐渐通过举办"武林大会"嘉年华等形式开展相互交流和推广。"2012年台湾高雄内门宋江阵"武林大会使高雄市内门的宋江阵舞出了当地的文化品牌效益。2014年3月13日高雄内门的宋江阵有十多个村参加,参加表演武术阵头的人最少36人,最多107人(不敢满108人,上文说过)。闻讯赶去观看的游客和学者多达数千人,已取得品牌效益。这种新形势鼓舞人们对宋江阵形式和内容进行创新,有利于这一中华民族非物质文化遗产的传承、保护和发展。

台湾屏东宋江阵　　　　　　台湾高雄内门宋江阵

十、大鼓凉伞

"大鼓凉伞"又称为"花鼓阵",是较为常见的一种民间阵头技艺,属于武阵。其宗教性质较为强烈,表演形式是只舞不歌。流传于漳州龙海地区,是闽南地区非物质文化遗产的重要组成部分。"大鼓凉伞"具有鲜明的体育表演艺术特征以及娱神、祭祀祖先、颂扬英雄等深邃的文化内涵,深受当地群众喜爱,是纪念节日习俗中的民俗体育部分。

它的起源有这么一个传说:相传明朝嘉靖年间,戚继光率兵到闽地(即现在福建省的漳州龙海地区)抗击倭寇。胜利后,当地百姓擂响金鼓庆祝,村里姑娘们随着鼓声翩翩起舞,迎接将士凯旋。戚继光见舞者汗流浃背,命令将士用凉伞为其遮阳,将士也在不知不觉中随之起舞。当地的民间艺人在此基础上便创作出了"大鼓凉伞"。

1."大鼓凉伞"的配备

人员组成一般包括撑伞者和敲鼓者,人数配对,鼓的数量分为2鼓、4鼓、8鼓、16鼓不等,鼓越多场面也就越壮观。鼓身长约40厘米,鼓面直径约为35厘米,鼓重8～13斤不等。凉伞一般是绣龙凤花卉,伞边垂穗,舞动时能随风飘扬。

2."大鼓凉伞"的基本动作

在铜锣伴奏下,"小旦姑娘"扮演者撑伞绕着胸前绑定大鼓的男性转圈起舞,彩旦与三花丑行扮演者则穿梭表演。鼓手由于胸前背有大鼓,且重量不轻,占据了自身身体前面的大部分位置,因此不能进行跨、跳等大幅度动作,而是非常讲究挥动鼓槌敲鼓动作,注重腿脚上的定力动作和对身体左右摇摆动作的控制。撑伞者双手捻转凉伞,配合一些轻盈舞步(包括四方步、直立着捻伞、前虚步捻伞、后吸腿捻伞、左右垫步捻伞等),伴有下肢弹跳和身体左右扭胯等动作,显示了女性的轻柔与妩媚。

"大鼓凉伞"的鼓手挥动鼓槌敲出锵锵鼓声时强调手臂的夸张动作,手臂在上下或直线或弧线的挥动中需要用大臂带动着运动形成张力。下肢动作讲究脚下定力和身体控制,体现平衡感。撑伞者双手自然捻转凉伞,配合轻盈舞步,亦谐亦趣的操舞姿态展现出艺术魅力和活力,妙趣横生。随着时代发展,现在的"大鼓凉伞"在尊重原有表演模式基础上,结合时代特征,进行了一些新的尝试,包括对鼓与伞进行体积以及重量上的改变,使其适合不同年龄层的群众学习与表演;突出鼓伞的对舞表演,在造型和队形上进行创新,注入了更多的时代气息;突出表现操舞表演的整体感、队形的变换等,扩充了这一民间艺术瑰宝的表演内涵。

大鼓凉伞舞

十一、八家将

"八家将"是台湾迎神赛会（如城隍、妈祖、关帝君等）活动中较为常见的一种民间阵头技艺，属于武阵，民间信仰的特点鲜明，表演形式是只舞不歌。表演时有大量的身体活动内容，属于纪念节日习俗中的民俗体育部分。

八家将

1."八家将"的分工

"八家将"具有强烈的宗教性质。阵头者装扮成神祇模样，作为主神的护驾使者，驱鬼捉妖，是为居民解除厄运、求得平安、安宅镇煞民俗活动中的重要环节，是台湾地区民间信仰的一种表现形式。

因"八家将"的阵式以四大将和四大神为主，故惯称为八家将。四大将是指甘、柳、范、谢四爷；四大神是指春、夏、秋、冬四季神。"八家将"虽然叫做"八家"，但实际上参加者的人数却不大一致，有四人阵、六人阵、八人阵、十人阵、十三人阵，至今甚至有十六人阵、三十二人阵。因此"八家将"又被称作"什家将"或者"家将团"。组织结构最为完整严密的"八家将"是十三人阵，包括春、夏、秋、冬四神，甘、柳、谢、范四爷，什役、文差和武差，文判和武判。按"主神下令"—"文差接令"—"武差传令"—"范谢捉拿"—"甘柳刑罚"—"四神拷问"—"文判录供"—"武判押犯"这八个程序进行发令。在八家将中，四大将是主角，四大神则是配角。

"八家将"最主要的表演内容是擒拿罪犯,时而攻击,时而围捕。八字步是行进时所用的步子,左右两者换位时会用扇子遮住脸并在行走时与对方相望。由什役为代表,踩着三步前进三步后退的步子向庙宇主神行进,接着两人一组或四人一组按照顺序进行表演。

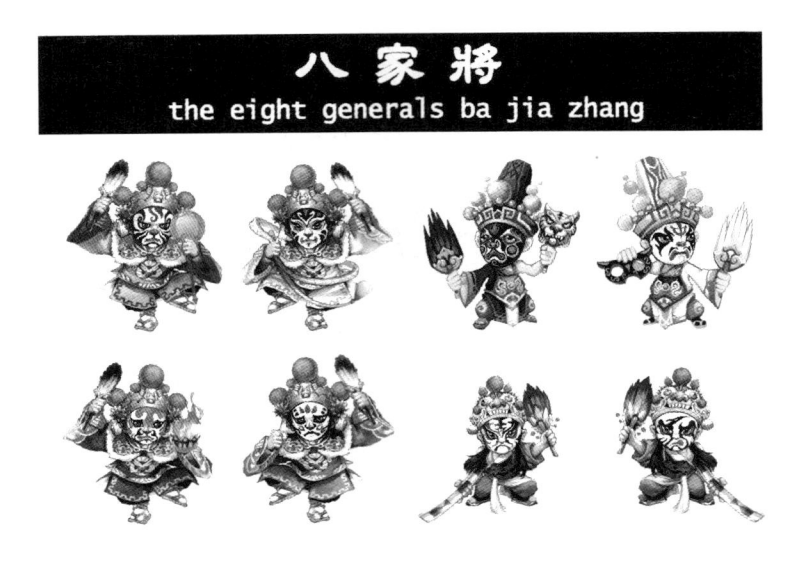

八家将卡通

2. "八家将"的传统服饰

八家将的基本装扮是"头戴盔帽,身穿戏袍,脚穿草鞋,外手执扇,内手拿法器,再画上脸谱";甘爷上穿蓝色露右肩的斜上衣,内衬红色肚兜,下穿红色松紧裤;柳爷上穿蓝色露左肩斜上衣,其余穿着与甘爷相同;谢将军上穿白色露右肩斜上衣,内衬红色肚兜,下穿红色松紧裤;范将军上穿白色露左肩上衣,其余穿着与谢将军相同;春大神穿着蓝色的马褂式上衣,夏大神穿着红色的马褂式上衣,秋大神穿着绿色的马褂式上衣,冬大神则穿着橘黄色的马褂式上衣。四位大神都加上披肩,下身同样是穿着红色松紧裤。四大将的帽饰都是左右呈宽长方形,中心位置都有一块黑黄色的长方形布块;而四大神的帽饰是椭长方形的,中心位置的布块则是黄色的。

"八家将"服饰与装扮

序号	神将	上衣	裤子	帽饰	脸谱	脸谱色彩
1	甘爷	蓝色露右肩的斜上衣,内衬红色肚兜	红色松紧	宽长方形,黑黄色长方形布块	黑红阴阳脸	白、红、黑
2	柳爷	蓝色露左肩的斜上衣,内衬红色肚兜	红色松紧	宽长方形,黑黄色长方形布块	白底黑纹,柳叶眉	白、黑
3	谢爷	白色露右肩的斜上衣,内衬红色肚兜	红色松紧	宽长方形,黑黄色长方形布块	白底黑蝙蝠	白、黑、红
4	范爷	白色露左肩的斜上衣,内衬红色肚兜	红色松紧	宽长方形,黑黄色长方形布块	猴脸	白、黑、红
5	春神	蓝色的马褂式上衣,加上披肩	红色松紧	椭长方形,黄色长方形布块	葫芦脸	白、黑、红
6	夏神	红色的马褂式上衣,加上披肩	红色松紧	椭长方形,黄色长方形布块	莲花脸	白、黑、红
7	秋神	绿色的马褂式上衣,加上披肩	红色松紧	椭长方形,黄色长方形布块	鸟脸	白、红、蓝
8	冬神	橘黄色的马褂式上衣,加上披肩	红色松紧	椭长方形,黄色长方形布块	虎脸	白、红、蓝、黑

3."八家将"巡境秩序

负责抬刑具的扮演者走在队伍的最前端。刑具有拷问男犯的方形刑具和拷问女犯的鲤鱼形刑具,还有一些抽打身体的皮鞭、掌嘴用的鞋垫和手钉、脚钉等。两名身穿虎皮衣服的文差和武差扮演者,跟在什役的后面。文差负责接令,手里拿的是令牌;武差负责传令,手里拿的是令旗。文判身穿蓝衣,负责录口供,右手持毛笔,左手持生死簿;武判身穿红衣,负责押解犯人,手持九尾鞭。甘爷和柳爷手持戒棍;谢爷左手拿羽毛扇子,右手拿枷锁或者火签;范爷右手拿写着"善恶分明"的方牌和锁链,左手也是拿着羽扇。四大将主要负责外出巡捕,四大神负责开堂审问犯人。春神手持木桶,夏神手持火盆,秋神手持金瓜锤,冬神手持蟒蛇。木桶用于犯人受刑过重昏厥时,可泼水使之醒来,火盆用来炮烙,金瓜锤用来敲头,蟒蛇用以逼吓犯人说实话。现今八家将中的四季神已经很少做此类传统性装扮。

八家将

人们借由"八家将"的表演向神明表达自己的崇拜和祈求之情,活动性质逐步由娱神变为娱人。表演时,表演者手持器具,动作夸张,脚步灵活多变,具有一定负荷强度和长时间段的身体活动。表演前的练习不仅可提高技艺,还可增强身体素质。"八家将"表演还具备一定的观赏性,为群众带来了欢乐,吸引群众参与其中,使群众身心得到了放松。

十二、斗牛阵

斗牛阵是台湾举办庙会时常见的民俗阵头技艺之一,属于武阵,宗教性质较为强烈,表演形式是只舞不歌,发源于秦朝时期,是农业节日习俗中的民俗体育部分。

福建自古以来就重视农耕,居民(尤其农民)对牛向来有着一份特殊的感情。"斗牛阵"就是在此种情感的基础上发展而来的。

"斗牛阵"的起源有这么一则传说:相传时为蜀郡守的李冰为了消灭江中作乱的蛟龙,便化身为牛与其斗争。后来民间为了纪念他就有了"斗牛"这项游戏。台湾光复后不久,台南县学甲镇大湾庄的杨石寮和王枝出二人便创立出"斗牛阵",当地称之为"大湾牛",目前在台湾南部较为流行。

第五章　操舞表演类民间体育项目 | 125

斗牛阵

　　"斗牛阵"的器械道具："牛"形用竹子或藤条作为支架，在躯干上蒙上布套或者皮革。"牛"头用纸和布分层糨糊起来，再用颜料进行彩绘。"牛"按真牛的尺寸以 1∶1 制作。按"牛"外壳的不同，又分为"水牛阵"和"赤牛阵"（赤牛即为黄牛），白灰色外壳的是"水牛阵"，而褐色外壳的则是"赤牛阵"。黄牛斗性较强，表演时以黄牛居多。

　　"斗牛阵"参与者一般十来个人，新港地区的"水牛阵"人数较多，可达 30 多人。两人即可扮演一头牛：一人负责"牛"头，进行舞耍；另一人负责撑起"牛"的支架和牛尾，在"牛"身里要弯腰弓背，形式和舞狮相仿。一人饰演放牛的牧童，其余人员等候替换，或敲锣打鼓伴奏。

　　"斗牛阵"的表演具有随意性，没有固定的剧本，因此人与人、牛与牛、人和牛之间的默契度相当重要。一般根据特定场合、因时因地表演。例如在庙会时表演斗牛，常以两头牛以及双方牛主人"混仗"进行。在喜庆的场合，多见一公一母两头牛的暧昧表现形式。

　　"斗牛阵"的表演强调模仿和逼真，整个表演过程中，人和牛都会竭尽所能，施展浑身招数。在"斗牛"时，不管是"牛头"还是"牛身"，表演者都要身负"牛"的重量，长时间、长距离地进行表演，整场演出是相当辛苦的，难度也相当大，参与者必须经过一定时间的专门训练，掌握相关的技巧，具备突出的手臂力量、脚力、躯干、身体的灵活度等素质,才能顺利表演。

十三、牛犁阵

牛犁阵又称"驶犁阵"或"驶牛犁",是台湾举办庙会时常见的民俗阵头技艺之一,属于文阵,歌舞性质浓厚,娱乐性较强,一般是有故事情节、对白和后场伴奏的表演形式,旋律感突出,载歌载舞。

牛犁阵的由来有三种说法:

1. 相传书生郑元和赴京赶考,途中因沉迷女色而困顿潦倒,后得一乞丐传授牛犁阵得以维持生计,后来便将其发扬光大,向邻人推广,成为牛犁阵的祖师爷。

2. 舜继承尧王位后,为消除农民白日劳作的辛苦,晚上便集合农民扮成"牛头"、"牛尾"、"阿公"、"阿婆"来歌舞取乐,后逐渐发展成为"牛犁阵"。

3. 牛犁阵系台湾农村自发的一种地方歌舞小戏,是农民农暇时形成的活泼逗趣的游艺活动。在台南、高雄等闽南人聚居地十分流行。课题组考察得悉,"牛犁阵"源于郑成功攻克台湾后,发展农业,将士也屯垦农田,后人为纪念郑成功,编出"牛犁阵"在庙会上进行表演,传承至今。

牛犁阵

2012年在厦门召开的"海峡论坛"上,来自台南太子庙的"牛犁阵"团队专程在厦门鸿山公园的郑成功庙前和郑成功祖厝表演。

台湾牛犁阵起源尚无文献资料可考,许常惠在《台湾音乐史初稿》一书中提出,这个民俗可能与广西的"小放牛"或"打春牛"有关。根据表演传统,牛犁阵的有关仪式中,要设定一位"阿公"、一位"阿婆"、三位农夫生角、三位村姑、两位扮"牛"者,表演者还要随着弦乐,载歌载舞,相互答唱,时而捉弄打逗,时而调情耍趣,笑料不断,高潮迭起,充分表现农家乐趣。

十四、布马阵

布马阵又称"牵布马"或"纸马阵",是台湾常见的民俗阵头技艺之一,属于文阵,具有较强的娱乐歌舞性质,一般具有故事情节、对白和后场伴奏,是一种载歌载舞的表演形式。

布马阵的由来有三种说法:

1. 据说在宋代时,某平民因救驾有功而得到皇帝的重赏,回乡时驾马陪侍,气派非凡,村人们用布缝制成马型,争相效仿。民间因此故事编排成小戏,后演变为布马戏表演。

2. 清朝皇帝游玩时,被忠臣的遗孤所救,日后,忠臣后代被封赐白马衣锦还乡。由于他长期流露山野,不会骑术,一路上险象环生,也笑料百出,布马阵表演就是以他衣锦还乡的过程为基础艺术加工而成的。

3. 相传为纪念一位十年寒窗苦读的孝子,在迎神赛会时,要装扮这位孝子的样貌——骑竹马、戴状元纱帽。以他成为新科状元、官拜宰相的小戏而演变成布马阵表演。

根据台湾宜兰民间艺人林荣春的口述,布马戏起源很早,最早称为竹马戏。竹马戏是儿童骑跨在一根竹竿上,模仿大人骑马动作的游戏,在宋代以后发展成舞蹈表演。布马阵于清朝传入台湾,最初马的骨架用竹料,周围糊纸,后改良为骨架用藤料,周围用布缝制,不易破损,方便操演。

布马阵的表演紧凑精彩,常在迎神赛会时以行进方式表演。表演者可多可少,5人以下为小阵,8~9人为中阵,大阵多达十几或二十几人,主要扮演状元、马童、马夫、丑婆、船夫、撑凉伞者等角色。动作简单、滑稽、逗趣、细腻，内容包括牵马、洗马、上山、下山、过河、马绊倒、马跌入水、马陷入泥等日常习惯动作和相关的故事情节。表演段子有跑马、拜马、参神、四门、困塘、五方、状元游街等。

十五、打枪担

"打枪担"是福建省宁德市少数民族——畲族地区流传的一种民俗活动，是由当地居民上山砍柴转化而来的活动。"打枪担"已成为福建省少数民族传统体育运动会的一个比赛项目。

"枪担"又叫做"串担"、"穿担"，即畲族人上山砍柴禾时将就地砍伐的竹子两头削尖，用作挑柴禾的工具，也可作防身武器，长短可根据劳动者的身高而自由裁定，一般长 2 米，两端呈斜面状，顶尖。畲族人喜爱唱歌，上山时经常一边唱歌一边敲"枪担"，于是逐渐演变成现今的"打枪担"。

打枪担

"打枪担"的表演人数一般为 8～24 人。表演者要在右侧腰上佩戴刀鞘（俗称割吊）。然后右手握柴刀击打左手握着的枪担或者腰上的刀鞘，有时又用柴刀柄或者枪担去敲打地面，敲击的声音清脆悦耳，节奏分明。人们且歌且舞，透露出畲族人纯朴的气质。"打枪担"以踏步蹲起和小跳步为基本舞步，在表演过程中强调队形的整齐变换，同时结合了畲族拳和棍的拔、挑、架、劈等动作。伴随着畲族民歌的节拍，敲打出相应的节奏声。边敲打边舞蹈，或胸前，或肩上，或身前，或体侧，动作和舞步协调配合，既简练大方又朴实优美。表演中也有很多对打动作，招式灵活，展现了体育的技巧动作和健身动作。

"打枪担"原是畲族妇女在砍柴劳动休息时进行的嬉闹娱乐性健身活动，后来经过艺术加工将体育与舞蹈融为一体，成为颇具当地少数民族特色的传统体育项目，现逐渐成了畲族女子所喜爱的武术套路。

十六、客家花鼓

客家花鼓原为台湾新竹县新瓦屋民众在丰收时节，酬谢众神、祈福还愿时绕村游行的民俗活动中的一种表演形式。清乾隆年间，广东省潮州府饶平县的林孙檀氏家族在竹北开垦农田，建立了客家聚落，到了嘉庆年间，林孙檀氏的三子象贤和四子象明在竹北芒头埔兴建"忠孝堂"公厅，"新瓦屋"聚落由此而来。

花鼓原是客家民间的一种鼓乐活动。鼓之所以冠上"花"字，是因为花鼓的表演形态花哨、花鼓的装饰面花哨而得名。花鼓是"打花鼓"的一种通俗叫法。客家花鼓不只是单纯击鼓表演，还融合了歌舞、戏曲情节，多以涂抹丑旦花脸进行反串，以反映客家风情以及载歌载舞的形式出现。

最早客家新瓦屋花鼓队成立于1947年，奉行水浒传中英雄卢俊义上梁山，打花鼓入城的精神而组建，由16人组成，表演动作为穿花衫、拿花伞、走花步、打花鼓，多以丑扮为主。现今，客家花鼓已逐步发展成为保护与传承台湾新竹客家聚落文化和传统花鼓艺术的综合性节会活动，主要以集结台湾各地客家族群中影响式微的收冬戏、各式艺阵与戏团等内容进行展演，以期重振当年本土的客家花鼓民俗艺术文化。

新瓦屋花鼓队

台湾新竹县"国际客家花鼓艺术节"从 2000 年开始举办,原本每两年举办一次,2008 年开始一年举办一次,截至 2012 年总共举办了九届,主题分别为:

2000 年——"聆风鼓舞";

2002 年——"花鼓采吉";

2004 年——"迎风桴鼓,神采飞扬";

2006 年——"神采飞扬,竹鼓传情";

2008、2009、2010 年——"花舞十月天,鼓动新瓦屋";

2011 年——"乐声应新瓦,鼓声穿云霄";

2012 年——"花鼓十月天,鼓动新瓦屋";

第六章
游戏竞赛类民间体育项目

游戏竞赛类民间体育是指以游乐、玩耍内容为主的比赛娱乐性民俗活动的总称。游戏竞赛类民间体育形式分为智力性游戏形式和活动性游戏形式。本章介绍的主要以后者为主,多为集体活动,伴有具体情节和相关规则,兼具竞赛性。

一、汉族泼水

在闽台地区主要保留着两种比较具有代表性的"泼水"民俗体育活动:"汉族泼水"和"海上泼水"。其中,"汉族泼水"是龙海市九湖镇林前村流传了上千年历史的民俗体育活动形式。

汉族泼水

龙海市九湖镇林前村的"汉族泼水"民俗活动的起源与形成有两种说法。

一是说由闽越族人(即畲族等少数民族的先祖)祭祀发展而来。相传生活于此信奉蛇神的闽越族人把用水相互泼洒作为祭祀蛇神的方式,同时也代表着对自身的一种洗礼。在唐朝时,"开漳圣王"陈元光率领中原五十八姓汉族部将入闽平定"蛮獠之乱"后,将汉族佛教和道教中流行的"抬神像巡游"活动带到此地,与畲族泼水文化相互渗透和交融,形成了"汉族泼水"民俗。

二是说与云南节度使林前村人郑时章有关。相传明朝时他出任节度使期间,将云南傣族泼水节的民俗带回了家乡龙海,受到家乡人们的喜爱,而后一直延续到现在。

龙海市九湖镇林前村的"汉族泼水"一般从农历正月十三开始直到正月十五结束,为期三天。第一天,村里主要举行各种祭祀活动。第二天,村民会在本村池塘和溪边进行泼水嬉闹,以此表达祈福新年,送祝福之意。而后还会在本村的祠堂前进行一系列表演活动,表演内容有大鼓凉伞、跑旱船、武术和舞狮等节目,近年还加入了时下比较流行的广场舞节目。第三天才是本项活动的高潮日,举行泼水活动。活动宣布开始后,村民们簇拥着抬着本村伽蓝王的神来到村外的小溪边下到水中,几个青年人抬着神像从溪的一端向对岸游去。到达岸边后,等候在岸边的群众纷纷跳入水中不断地往神像身上泼水,并交给下一轮抬神像的村民,巡游一番。以此循环往复三轮,送神像回庙,活动基本结束。此过程中人们在水中互泼河水、相互嬉戏,人神共浴,寓意洗去晦气,祈福平安。

一般来说,泼水过程中人会努力稳定下身,活动上身,大量采用甩、挥、捧、浇等运动双臂的动作,身体上下齐发力,有效地进行了全身锻炼。泼水过程充满了欢乐、愉悦和敬仰之情,既是对自身身体情绪的一种良好发泄,同时在不知不觉中能保持适宜强度,身心得到了锻炼。且"汉族泼水"的时节气候是偏冷的,在水中进行此项活动会极大考验参与人群的胆量和意志力,与众多体育项目一样,是"勇敢者的游戏"。

相比大家广为熟知的云南"傣族泼水",九湖镇林前村的"汉族泼水"有很大的不同,在内容、形式上都存在差异:傣族泼水第一天主要是通过开展一些娱乐项目寓意送旧;第二天作为"空日",大部分傣族人会进行家庭内务整理,或在家调整静养;第三天傣族人主要进行拜佛诵经,当天所有参与人员都会着本族服装，一大早就前往寺庙由圣僧带领围坐一团祈福，整个拜佛诵经仪式结束后再进行泼水。

目前，龙海市九湖镇林前村的汉族泼水节已作为漳州市非物质文化遗产保护项目，有了较好的保护和传承下去的基础。但要开发成可与云南傣族泼水节相媲美的民俗活动，还需着力加强品牌建设和宣传力度，规范、整合活动形式，在保留原始风味的同时提高观赏性和参与档次，进一步挖掘其文化内涵。

二、海上泼水

在闽台地区主要保留着两种典型的"泼水"民俗体育活动。除了"汉族泼水"外，还有"海上泼水"。"海上泼水"是由泉州市石狮蚶江和台湾鹿港对渡文化端午习俗中催生出来的，是流传了200多年的民俗体育活动形式。

"海上泼水"因当地的自然环境、传统端午习俗和与台湾鹿港的对渡文化而形成。石狮蚶江刺桐港在宋元时期就有"东方第一港"的美誉，这标志着蚶江很早就作为一个重要港口开始了海上渔业和贸易活动。在清道光年间朝廷开放了蚶江和台湾鹿港对渡通商政策，带动了两地文化交流。在蚶江和鹿港当地保留着一种"汲午时水"的习俗，即把端午节的"午时水"当作可除去秽气、祈福健康平安的"圣水"，用于泼身洗浴、浇洗船只。由于两地众多船舶云集蚶江港口，大家在冲洗过程中相互嬉戏打闹，逐渐形成了"海上泼水"的习俗。"海上泼水"的地点就在蚶江古渡口的海面上，开始前通常会举行"放王船"和"采莲"仪式。正式开始时在涨潮时分，本族的成员，携带齐传统的戽斗、长勺、木桶等洗船工具，现如今有的还配备低压水枪、水管等，然后驾驶船只（早期还有舢板），开进蚶江古渡口。四面八方来的船只在簇拥竞渡穿梭海面时，大家竞相用各种工具盛满海水，相互追逐倾泼。海上泼水没有固定对象，逢船即可开战，一时间激战四起，或一船对一船，或一船对多船，或多船对多船……大多是临时联盟夹击，主动与被动之势顷刻转换，气氛十分热闹，场面非常壮观。

参与者会在船上持特定工具，主要采用舀、提、甩、挥、泼等带动双臂的动作，并努力稳定下身，以克服船只晃动，身体上下负重发力，能起到非常好的全身锻炼效果。泼水过程充满了欢乐、愉悦之情,是对自身情绪的尽情发泄,身心都得到了锻炼。此民俗是一项团体协作的活动,要求同一条船上的所有人,协同作战,对准目标船只集体"攻击",同时,还要预防被夹击、偷击。一旦出现不利局面还需设法摆脱和还击等,众多的战略战术交织融合在一起,十分有趣。"海上泼水"的现场是人们相互竞赛、角力和搏斗的竞技场。

海上泼水

泉州市石狮蚶江镇的"海上泼水"活动吸引了社会各界的广泛关注和热情参与,蚶江四邻渔村每年都会自发组织,纷纷驾驶船只参与,台湾同胞们也纷至沓来,借此活动机会,寻根落叶、进香谒祖、交流投资,不但增强了两岸同胞的往来,加深巩固了情谊,大大提高了文化古镇蚶江的声誉度,还快速促进了蚶江侨乡的经贸和旅游发展。2005 年 10 月,海上泼水节项目被列入福建省非物质文化遗产代表作名录。在当地政府和社会各界的重视和关心下,泉州市石狮蚶江镇的"海上泼水"活动每年举办一次,保护和传承的工作得到较好的开展。

三、抓鸭子与抓金猪

抓鸭子、抓金猪是流行于闽南一带传统庆祝端午节的一项民俗配套体育活动,极具趣味性。相传是民族英雄郑成功当年操练水兵的训练方法,被一直承袭了下来。抓鸭子和抓金猪的场地设置与内容基本相似,不过近年来用鸭子充当奖品的现象更为普遍。

抓鸭子　　　　　　　　　　　　抓金猪

抓鸭子的比赛场地一般设在水面上,将一根长约10米的圆木桩或粗竹竿固定在岸边或船头,腾空伸向水面,并在上面涂满润滑油（一般为黄油）。在木桩或竹竿的末端悬挂一只小木箱或小铁笼,专为盛鸭子用,在木箱或铁笼上方立一根木棍（现多为塑料软管）,作为打开木箱或铁笼的活门。

活动参加者要独自赤脚沿着木桩或桅杆快速走向海面,走到木柱的末端,用手拉开或触碰悬挂笼箱的活门,使锁在里面的鸭子掉入水里,同时本人也要快速跃入水中,去追逐擒捉,捉到即归个人所有。捉到过鸭子或中途掉入水中的参赛者都可重新轮候再次捉鸭。

目前有的地方为节约时间省去了木箱和铁笼,只在横杆末端立一标志杆,只要参赛者碰到标志杆,就放一只鸭子入水,让其去捉。

抓鸭子民俗体育活动是一种考验个人体力、勇气、毅力和技巧的活动,要求参与者具备较为全面的身体素质和心理素质:

1. 身体平衡感要好,能平稳快速地在木桩或桅杆上移动;
2. 身手敏捷,反应快,能顺利打开活门;

3. 水性好，能潜会游，还得游得快，具备策略意识，否则抓不到"落水鸭"；

4. 最重要的是要有敢于走上木桩去抓鸭子的勇气，因为几乎避免不了抓鸭途中掉落水中的风险发生。

端午节的抓鸭子民俗活动在福建多地均有开展，如厦门集美龙舟池上抓鸭、泉州石狮蚶江镇海上抓鸭、晋江安海五里桥抓鸭、福州闽江也时有举行抓鸭子的活动。该项活动形式虽然比较简单，但民众参与的积极性颇高。

抓鸭子

四、打尺寸

"打尺寸"是畲族民众在二月二"会亲节"歌会里最喜爱的活动，后来在平时闲暇的时间也举行。"打尺寸"是为了纪念畲族英雄蓝凤高在反抗唐朝的斗争中，用断弓将敌人的箭反击回去的技艺演变而成的。这个竞技性项目，不仅能激励畲族人民团结一致、自强不息，也能锻炼人的反应能力、耐力等。

传说在公元 700 年左右，蓝凤高率领着畲族人民抵抗侵略者，因寡不敌众被迫撤退到江南岸边，敌人从北岸万箭齐发，想要突破渡江。为了保卫家园,蓝凤高急中生智,用自己手中的断弓将敌箭一一反击回去,群众相继效仿,最终反败为胜。"打尺寸"就是人民为了纪念蓝凤高的机智勇猛精神和练习"以弓击箭"本领所创立的。

"尺"代表断弓,"寸"代表敌箭。畲族人民就用长约1尺的木棍表示"尺",用1寸长的竹条表示"寸"。"打尺寸"主要基本动作就是用"尺"打"寸"。参加者至少两人以上。在平坦的地面上画一个直径一二米的圆,圆内站着一位主攻手,一手持木棍,一手持竹条,其他参加人员则站在圆圈之外。比赛开始时,主攻手用"尺"挥击"寸",将"寸"击出圈外,站在圈外的人要去抢接被击出的"寸",率先拿到"寸"的人就会获得一定的"尺寸",可以顶替主攻手。如果圈外的人没有接到,根据"寸"的落点进行测量,按距离的远近主攻手可相应地获得"尺寸",继续保持在原位置上。此时圈外的人要将未接住的竹条拣起扔回圈内,主攻手若用手接住或者用木棍将其再次击打出去的话则主攻手胜;反之则是投手胜,替换主攻手。在规定的时间内,"尺寸"获得最多的人将赢得最后胜利。

追逐对打是"打尺寸"较常见的比赛形式。在长为20～25米,宽为8～10米的长方形平地上进行比赛。比赛分为甲乙两组,每组3～6人。与平时的"打尺寸"运动不同的是,"尺"是60厘米长的木棍,"寸"是20厘米的竹条。甲队先进攻,按照顺序排好号,持好"尺""寸"后站在起点线,而作为防守的乙队,则每人持着"尺"分布在场内。比赛开始后,甲队一号进攻手用"尺"将"寸"向乙队击去。乙队就要用自己的"尺"奋力地将未落地的"寸"反击回去,一来一往,直至"寸"落地为止。这时甲队的二至六号的进攻手就要在前一个"寸"的落点处继续进攻。一轮之后测量两队的距离,获胜队可得"尺寸"。照此比赛三轮,最后"尺寸"多者胜。

比赛具体规则:

1.队员只能用"尺"击"寸",不可用手扔接、用脚踢或故意用身体阻挡。

2.击出的"寸"必须落在规定的场内,如大半根"寸"落在线外即为出界,最终落地点就定在最后打出界者所站立点。

3.攻方队员进行第一击时,守方队员须离其一米以外站立。

4.攻方的第一击,必须在规定的起点线后,或前一人的最终落地点后,否则令其重击。[①]

"打尺寸"是畲族人民在日常生活中渐渐总结出来的活动,与人们的生活环境息息相关,充满了畲族人民欢乐美好的气息。"打尺寸"的"打"是体育运动的一种表现形式,而"寸"则是体育运动时所用到的器械。"打尺寸"的场面紧张刺激,活动程序、比赛方法、计分方法以及处罚的方法较为完善。"打尺寸"是一项具有推广价值的民俗体育游戏项目,人们可以在劳动休息时举行。该运动对人的反应速度、力量、灵巧性、耐力等都有着良好的锻炼作用。"打尺寸"不受场地、年龄等限制,可以就地取材,因此人们可以经常自主练习,自发地进行比赛,将体育锻炼很好地融入到生活中。

五、劈蔗

闽南和台湾地区享有"东方蔗库"的美誉。每年十月份入冬以后,在城镇乡村的街头巷尾随处可见蔗摊,人们或者肩挑或者车运甘蔗,走街串巷叫卖着。在闽南泉州地区的一些农村地区,还流传着传统的劈蔗比赛,它给农村生活带来了体育竞技的乐趣。

相传,荷兰入侵台湾时,侵略者大肆掠夺台湾的甘蔗等农作物,用武力威吓台湾蔗农。1661年,郑成功率军进驻台湾后,给台湾蔗农出了个主意,建议蔗农平时砍蔗时改横砍斜劈刀法为横竖兼顾的方式,可在参战时提高杀敌本领。此妙招迅速得到蔗农接受并推广开来,并在配合郑成功军队参战杀敌过程中派上用场。多年以后,台湾蔗农为了纪念郑成功,常举行劈蔗比赛。随后流传到海峡西岸的闽南地区。

"劈蔗"比赛的要求和程序:

1. 挑选比赛用的甘蔗,要求甘蔗要笔直,完好无损,同时削去甘蔗上的叶芽、气根和末梢。

2. 以抓阄的方式确定参加比赛的顺序,因为甘蔗通常高于人,所以参赛者均站在椅子上或者台阶上等高处进行。

3. 比赛时,参赛者一手持蔗刀,一手扶甘蔗立于地面。将蔗刀横搁压

---

① 打尺寸[EB/OL],畲乡风情网,http://www.jn0578.com/Html/? 486.html。

劈蔗

在甘蔗的顶端平面上,稳住甘蔗后,扶甘蔗的手轻轻地放开,找准下刀的部位和时机后,突然把蔗刀竖起,急速地朝甘蔗直劈下去,劈蔗者乘势从高处跳下,借力将甘蔗劈成两半,场面十分扣人心弦。

4.成绩判定:将甘蔗直劈成均匀两半者,为优胜;劈偏者,以小段甘蔗部位作为评比的依据;劈不开甘蔗,蔗刀夹在甘蔗中间者,则没有成绩。等到所有参赛者劈完后,通过把劈断的甘蔗拼接起来比较长短,判定胜负。

5.比赛结束后,输者接受一定的惩罚,例如负责支付甘蔗费用。如果甘蔗费用由组织者负责的话,胜利者往往会获得一定的奖品。

"劈蔗"不仅是游戏,也是一种竞技比赛,过程相当刺激,观赏性也较强。劈蔗比赛整个过程遵循着体育活动的组织程序,即按照分组比赛(抓阄)、比赛器械的选取(选取甘蔗)、进行比赛(劈蔗)以及赛后整理等步骤进行。在比赛过程中,参赛者的眼力、臂力、智力得到很好的锻炼。"劈蔗"作为一种用水果充当体育器械进行的比赛十分少见,加上它还有着抵抗外来侵略的光荣历史,使得"劈蔗"民俗体育形式更能顺利流传下去。

六、赛大猪

"赛大猪"是漳州长泰县山重村、江都村百姓一种庆祝丰收年的原生态民间民俗活动,至今已有了1300多年的历史。该项目已被列入福建省第四批省级非物质文化遗产名录。该地区的人们通过"赛大猪"这一民俗活动来表达"养大猪、保平安、庆丰收"的愿望。

每年的农历正月初八,村里都会举办"赛大猪"活动。早期每家每户都会参加"赛大猪"活动,祭祀时,就有达上百头猪被宰杀供奉。后来为了勤俭节约,避免浪费,规则逐渐简化,改为按名单顺序,一次性扔卦确定各薛姓村民小组的养大猪人选。按此规则,轮养大猪时间大约要30年左右。村民们都以轮养大猪为荣,如村内薛姓原为村中大族,如今已迁居外地的薛氏人家,也争相亲自或掏钱请亲戚帮忙喂养。

"赛大猪"的要求和程序:

1. 物色猪苗。这是能养出好猪参加比赛的开端,也是关键环节之一。

2. 尽心喂养。参赛的猪要尽心尽力喂养,养猪的过程中,忌讳打骂它,而应多赞扬它。在比赛前的一两个月内,要以白米饭和其他好料喂养之,以图尽可能肥大。

3. 比赛。农历正月初八,对参赛猪进行屠宰。为了公平起见,参赛猪是按照净重(即去除内脏后剩余的肉体重量)进行比赛的,屠宰也由相同的师傅操作。屠宰好的猪装绑在称过重量的架子上,进行展示。由村里有资历的头人担任评委,按重量、品相等评出优劣。

4. 游街。结果出来以后,村民们将参赛猪进行游街。游街前将猪洗净并打扮一番:猪嘴里含一个橘子,寓意着"大吉大利";身上披着猪板油;脚上系红绳。前三名的猪均在头上插红布竹条,写出成绩和户主名称。"冠军猪"另外插上两朵"金花",背上背一只被宰杀好的羊,以示神气。每头参赛猪由8名壮士抬着同游街队伍绕着村庄浩浩荡荡地游走一圈,获胜家族所有成员有幸紧跟队伍之后一同游街,场面壮观。

赛大猪

5. 供奉。游街完以后,所有参赛的猪摆放于祠堂里,待第二天正月初九(即天公的生日)祭祀天公和祖先。

"赛大猪"这一民俗活动围绕着"猪"这一载体而进行,体现着体育赛事开展的组织程序和竞赛规则。"赛大猪"在游街过程中,抬猪壮士们抬着猪游街,身负一定的重量,进行长时间、长距离的游走,对身体具有一定的锻炼效果。在游街过程中,还带动了获胜家族成员以及观众一同进行,在欢快的气氛中享受成功的喜悦,有利于身心健康。

七、斗牛

畲族人历来都十分重视体育活动,这些项目将竞技性、健身性以及娱乐性很好地融合在一起。"斗牛"又叫做"顶牛",是畲族人一种对抗性竞技项目,即由两个人在平地上相互跳跃着顶碰或者对撞进行争斗。

"斗牛"一般有两种斗法:一种是用脚相互冲撞,参赛者用一只脚支撑自己的身体,然后用双手拉抱着另一只脚的脚踝。参赛者只能用自己的膝盖去碰、顶、推对手的膝盖使其双脚落地而获胜。这与目前广泛开展的中国传统体育项目"角斗士"极其类似,在湖南西部和云南壮族地区民间也十分普及。另一种斗法是用头顶撞。两名参赛者将头部顶在一起,互相拉着对方的手,运用腰部和腿部力量将对手顶出界限之外为胜。

"斗牛"运动对下肢以及身体的灵活性有较高的要求,因此参赛者的下肢跟身体灵活性都能从中得到较高的训练效果。

八、猴子占柱

"猴子占柱"是畲族儿童的一种娱乐性竞技项目。通过两者之间奔跑追逐及闪避来锻炼参加者的灵敏性。活动可以以厅堂的梁柱为目标,也可以在平地上将柱子的位置标明,参加人数要比柱位多两个,每个柱位只能站一个人。多出的两个人将在限制范围内奔跑追逐。被追的人可以跑入任意的柱位,原柱位的人就要让出位子成为被追逐者。这样一追一逐,直到被追者被抓到为止。然后互换角色,活动重新开始。

"猴子占柱"对场地及其器械要求不高,参与者可以在活动中锻炼到自己的跑步速度以及耐力。

九、虎抓羊

"虎抓羊"是畲族儿童一种集体性的娱乐项目。参加人数众多,一般在 10 个人以上。从参加者中选两名出来,一名在圈内充当"羊"。另一名则在圈外充当"虎"。剩余的人手拉手围成一个圆圈当作"栅栏"。"羊"可以在圈内外自由跑动。"栅栏"按照节拍左右移步,双手一上一下地摆动,象征着"栅栏"门的开关。双手上举表示"栏"门开启,这时"虎"可以趁机闯入圈内去抓"羊"。而"羊"就要立刻破"栏"逃跑。"栏"门要保护"羊"的安全即立马放手让"羊"可以顺利逃跑,而后立刻"关门"阻止"虎"的行为。如果"羊"被抓到的话,要罚唱山歌或者换做"虎"去抓"羊",活动重新开始。

"虎抓羊"对于儿童关节的灵活性和柔韧性有很强的锻炼作用。活动在活泼欢快的氛围中进行,有利于丰富儿童的业余生活。且"虎抓羊"是个集体活动,有利于培养儿童的团队协作意识。

十、猴子抢蛋

"猴子抢蛋"也是畲族儿童的一种娱乐性竞技项目。将三枚鸡蛋大小的圆石头代表"蛋",放在平地上画着的直径约为30厘米的圆圈内。选出一名小朋友当做"母猴"保护"蛋"。小朋友用手脚伏在圆圈的线外,当护蛋者将双手按入圈内时表示游戏开始。抢蛋者可以用手去捡蛋,也可以用脚去踢蛋,踢出圈外。而护蛋者要双手按于地上,脚步不断地或前后、或左右移动,利用技巧,想尽办法试图去碰触抢蛋者。如果抢蛋者被碰到,双方则需要互换角色,活动重新开始。如果在碰触之前,抢蛋者将三枚"蛋"都抢走了,则算作一局结束,护蛋者继续护"蛋"。如果进行三局以后都没有互换角色的话,护蛋者就要被罚唱山歌,然后重新选择护蛋者。

"猴子抢蛋"对于护蛋者的手臂力量以及脚上动作的灵敏性具有很强的锻炼效果,对于抢蛋者身体的灵活性也能进行强有力的锻炼。

十一、扯铃

扯铃是中国的民俗技艺之一,中国大陆北方地区又称为"空竹",这是因为其由中空的竹料制成而得名,还俗称为"响葫芦"。扯铃也是台湾地区非常流行的乡土童玩游戏之一,作为传统民间民俗体育项目,1977年被列为台湾民俗体育运动锦标赛的正式比赛项目。

扯铃由铃身、铃棍、铃线组成,其中铃身又包括铃头、铃轴和铃目。铃头形似车轮,是运转时平衡扯铃的重要部位。铃轴两端类似半鸡蛋球形,轴心中央部分为凹槽,是铃线扯动旋转的中心部位。铃目即铃头上的洞孔,孔数不一,与铃身大小成正比,是扯铃发声的重要部位。孔数多,扯铃声音浑厚洪亮;反之声音尖锐高亢。铃棍材质有木制、竹制和塑料三种,棍长约40厘米,成圆柱形。铃棍前端穿孔或在1厘米处刻凹槽以系住铃线。铃线一般为棉线,扯铃容易绞线,初学者可用水线、塑料线和尼龙线代替较为合适。

扯铃的分类:依据材质分为木制扯铃、竹制扯铃、塑料制扯铃三种;依据构造分为单头铃、双头铃、练习铃三种。其中,练习铃又分为木制安全铃——哑铃、塑料制安全响铃和西式扯铃。

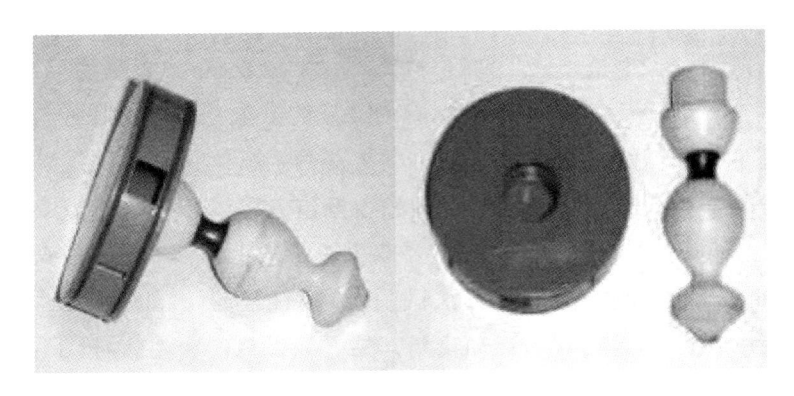

单头铃

双头铃

木制安全扯铃——哑铃　　　　　塑料制安全响铃

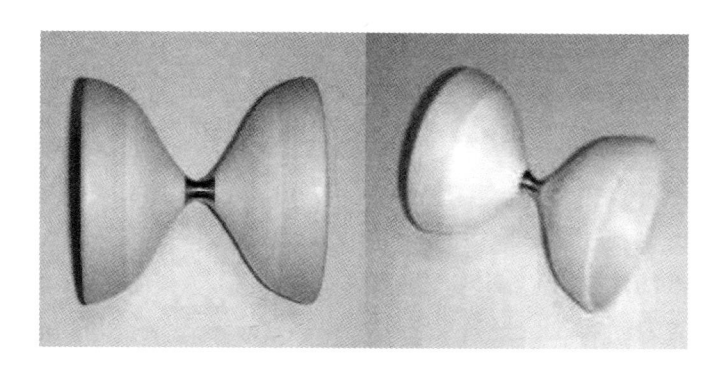

西式扯铃

扯铃基本动作：

1. 起铃，分为地上起铃和空中起铃两种。

2. 运铃，分为交叉线运铃、绕线运铃、开线运铃、手执运铃、右上运铃、垂直上下运铃和圆周运铃七种。

3. 调铃，分为高低调铃和方向调铃两种。

4. 收铃，分为金手指收铃、抛接铃收铃、金鸡上架收铃和金蝉脱壳收铃四种。

扯铃花式动作包括：蚂蚁上树、金鸡上架、金蝉脱壳、大鹏展翅、平沙落雁、龙上九天（直上青云）、云霄飞车、左右日月（金鸡飞渡）、金鸡上空、仰观星月、金鸡旋绕、一道彩虹、二棍架轮（金十字架）、挑鸡蛋、火车过山洞、跳动音符、双膝跳、快马加鞭、弹蜘蛛、海豚跳跃、纺棉花（特别快车）、狮子滚绣球、金鸡看天(看太阳)、姜太公钓鱼、乌龙钓鱼、双肩跳等。[1]

从台湾民俗体育运动锦标赛的扯铃比赛规则中可知，扯铃比赛旨在通过利用铃头、铃轴、铃目、铃线、铃棍所构成之单头铃或双头铃来表演绕、跳、缠、抛、甩、回转、定点等动作，以评定其结构、难度、熟练程度、变化技能，比赛分个人赛(1人)、双人赛(2人)、团队赛(8人)。

个人赛：

1. 比赛场地：长和宽各 8 米，高度至少 8 米；

2. 比赛时间：2~3 分钟；

3. 动作内容：包括绕、跳、缠、抛、甩、回转、定点等动作；

4. 评分标准：结构 20 分、难度 30 分、熟练 20 分、优美 20 分、创意 10 分。

双人赛：

1. 比赛场地：长和宽各 12 米，高度至少 8 米；

2. 比赛时间：3~4 分钟；

3. 动作内容：包括交换铃、移位、互抛、二人一铃绳、一铃绳二铃以及富有协调默契的变化动作；

4. 评分标准：结构 20 分、难度 20 分、熟练 20 分、优美 20 分、创意 20 分。

团队赛：

1. 比赛场地：长和宽各 20 米，高度至少 8 米；

2. 比赛时间：5~6 分钟；

3. 动作内容：至少包括八人接龙、游龙戏凤、圆形移位、八人对抛、长绳滚铃、一道彩虹等动作；

4. 评分标准：结构 20 分、熟练 20 分、变化 20 分、难度 20 分、优美 20 分。

扯铃运动锻炼了参与者身体的灵活性与协调性。

---

[1] 李坤展：《扯铃在台湾的文化传承》，台湾"国立"体育学院体育研究所 2002 年版，第 23~58 页。

个人扯铃　　　　　　　　　　双人扯铃

十二、踢毽子

踢毽子是中国民间传统体育活动之一，大陆又称为"打鸡"，起源于汉代，盛行于南北朝和隋唐，明代开始有正式比赛项目，清代达到鼎盛，至今已有2000多年的历史。踢毽子简便易行，特别受女性喜爱，它也是台湾地区非常流行的乡土童玩游戏之一，作为传统民间民俗体育项目，1975年被列为台湾第一届民俗体育运动锦标赛的正式比赛项目。

鸡毛毽

毽子分为纸毽、布毽、瓶盖毽、塑胶毽、鸡毛毽、绒布毽等。鸡毛毽子制作较为常见,也比较简易。准备好材料(小布块2块、铜钱或眼钱1枚、鹅鸭鸡翅膀大羽毛1根、鸡尾羽毛4～6根)、工具(剪刀、针、棉线若干)。先将铜钱或眼钱用布块上下包住,针线缝牢,再将大羽毛剪成十字形开口,长约3厘米,缝在布块上,最后将鸡尾羽毛4～6根插入大羽毛管内,即成鸡毽子。目前市场上常卖的毽子多为用橡皮作为底座的塑胶毽,弹性强,稳定性较差。

个人计时踢毽

李秉先生在《踢毽子》一书中对台湾地区踢毽子的方法和名称进行了归类,将踢毽子的方法分成"小武"和"大武"两大类,又称"文踢"和"武踢"。小武的踢法有:踢儿、拐儿、膝儿、提儿、豆儿、蹬儿等6种。大武的踢法有:勾儿、跳儿、跷儿、跪儿、踩儿、蹦儿、剪儿、扣儿、弯儿、地叉儿等10种。经过几十年的演变与修订,目前台湾地区踢毽比赛的动作内容,主要有大武、小武、扣、绕、转、定点等踢法。

踢毽子的花式动作有回看射雕、孔雀开屏、上天入地、魁星踢斗、蜻蜓点水、仰观北辰(上额)、摇头、落地生根(跪踢)、一人二毽(彩凤双飞燕)、流星赶月(花开并蒂)、金丝绕葫芦(莲花绕)、丹凤朝阳(一柱擎天或前贴)、磨印、抱印、旱地拔葱、半身躺、本末倒置、调虎离山(飞龙在天)、泰山压顶、登背(力担山河)、百鹭单立、杠上开花、顶上功夫、绳踢、拉燕、车轮翻、弹肘、磨石子、磕子、地叉儿(地剪儿)、三展翅、和尚下山等。

从台湾民俗体育运动锦标赛的踢毽比赛规则中可知,踢毽分为计分赛和对抗赛。计分赛分为个人计分赛和团队计分赛,以评定技术难度、变化、熟练及姿态优美来判定胜负;对抗赛分为个人对抗赛和双人对抗赛,以评定得失分来判定胜负。

十三、跳绳

跳绳又称为"跳索",唐朝开始就有这项运动,其全身性有氧健身效果突出,老少皆宜。它是台湾地区非常流行的乡土童玩游戏之一,作为传统民间民俗体育项目,1975年被列为台湾第一届民俗体育运动锦标赛的正式比赛项目。

跳绳种类分为:草绳(古时使用较为广泛,缺陷是过粗太轻,回旋时空气阻力大)、麻绳(缺陷是过粗太重,回旋时十分吃力)、尼龙绳(已经逐步取代草绳和麻绳,缺陷是过软)、棉绳、空心塑料绳和实心塑料绳(常作为比赛专用)等。

跳绳的基本姿势:面部朝正,抬头挺胸,放松肩,双眼直视前方,轻抬脚,两腿垂直腾空跳跃,可采用口鼻交互呼吸方式。

跳绳的预备姿势:并足直立,两手握住两端的绳把,手肘上提,距离肩部约15厘米,手心朝上,绳子置于体后。

跳绳的结束姿势:跳跃完毕,绳回旋停止时,左脚必须往前伸出,将绳子踏于地面与脚底之间。

跳绳包括单人跳、双人对跳和多人合跳三种方式。单人跳绳包括:单脚跳、跑步跳、踏替跳、并拢跳、开合跳、两手正交叉跳等方式。双人对跳包括:母子跳、共同回旋交互单独跳、两人共同回旋跳等方式。多人合跳常为两人回旋一人跳方式。

从台湾民俗体育运动锦标赛的跳绳比赛规则中可知,比赛分为个人赛、双人赛和团队赛，在规定的时间、人数及场地范围内，以回旋绳子跳跃和克服自身障碍为目标，使用一条或数条绳子作动作及花式变化，以评定跳绳者状态和与绳之间的动态美感。

个人赛：

1. 比赛场地：长和宽各 6 米，线宽 5 厘米（包括在场地内）；
2. 比赛时间：1 分 30 秒～2 分钟；
3. 动作内容：要有分腿、屈体、转身及身体位置的变化，并有原地跳、移动跳、并足跳、单足跳、开叉、交叉等不同回旋速度的系列变化；
4. 评分标准：内容变化 40 分、姿势优美 20 分、技术熟练 10 分、难度 20 分、创意 10 分。

双人赛：

1. 比赛场地：长和宽各 8 米，线宽 5 厘米（包括在场地内）；
2. 比赛时间：2 分钟～2 分 30 秒；
3. 动作内容：其编排以能逐渐增加难度及达到高潮为佳；
4. 评分标准：内容变化 40 分、姿势优美 20 分、技术熟练 10 分、难度 20 分、创意 10 分。

团队赛：

1. 比赛场地：长 20 米，宽各 15 米，线宽 5 厘米（包括在场地内）；
2. 比赛时间：7～8 分钟；
3. 动作内容：其编排以能逐渐增加难度及达到高潮为佳；
4. 评分标准：结构（种类变化）40 分、难度 20 分、律动美 20 分、熟练性 20 分。

十四、放风筝

放风筝是台湾地区非常流行的户外娱乐活动。2001 年台湾"体委会"（现"台湾教育部体育署"）将其列为台湾 28 项民间体育项目之一。台湾由于在农历九月份左右秋季的季风较多，秋高气爽的天气正是放风筝的好时节。

风筝源于春秋时代。相传墨翟以木头制成木鸢，研制三年而成功；后来鲁班用竹子改进制作风筝；南北朝时期，风筝成为传递信息的工具；隋唐时期，由于造纸业的发达，风筝开始用纸来裱糊；唐代，风筝逐步转为民用，作为娱乐玩具，常在宫廷中出现；宋代，放风筝已成为人们喜爱的户外活动，锻炼身体，带走晦气；明代，风筝再次用于军事，以风筝载炸药来攻击敌人；日伪时期，风筝因为军事泄密原因被禁用；19世纪80年代，风筝再次回归民间，深受民众喜爱。

台湾盛产蝴蝶，品种繁多，因而以蝴蝶形状制作的风筝样式较为常见。同时台湾风筝受中国大陆潍坊风筝、天津风筝的影响较大，代表作品还包括陀螺、龙、鹰、狮子、猫、金鱼、桃、海鹰、宫灯、飞虎、方鸣螺、大彩凤等。台湾传统风筝采用竹节较长、重量较轻、弹性较好的桂竹为材料制作骨架，再用布、纸张或丝绸作为风筝的面料。

台湾还流行一种"特技风筝"，也称为"技术风筝"。特技风筝由单人或多人相互配合操作，利用特殊手法让风筝作出各种特技动作。特技风筝常采用韧性强、重量轻、强度和抗水性好的碳纤材料制作骨架，用飞行伞的布料作为风筝的面料，不易撕裂。

台湾风桶特技风筝

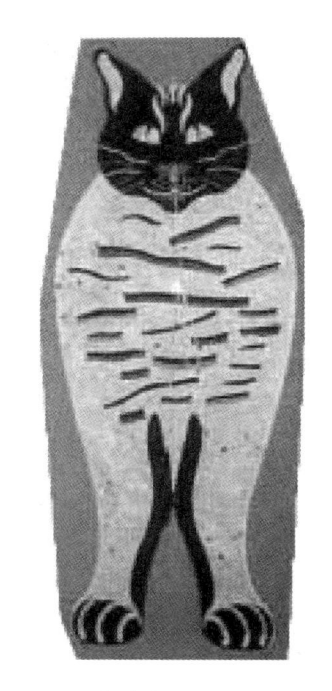

台湾狮子风筝　　　　　　　　台湾米罗猫风筝

十五、荡秋千

荡秋千是台湾地区非常流行的民俗活动,高空荡秋千民俗活动距今已有200多年历史,2001年台湾"体委会"(现"台湾教育部体育署")就将荡秋千列入台湾28项民间体育项目之一。

秋千是春秋时期中国古代北方少数民族山戎族在生存劳动过程中为获取高处的食物创造出来的一种运动,最早称之为"千秋"。齐桓公北征山戎族,把"千秋"带入中原;汉代汉武帝时,因宫廷中常以"千秋万寿"之意来贺帝王寿,为避免忌讳,"千秋"两字倒转为"秋千";汉代以后,秋千逐渐成为清明、端午等节日进行的民间体育活动;唐宋时代,秋千特别作为专供妇女们进行玩耍的游戏。

时下在台湾,宜兰市、嘉义市每年举办"荡秋千踢铜铃"比赛。比赛者登上一座高达12米用木架或藤架搭好的秋千上,用一根绳子绑在腰上作为安全索,通过自身的腰力和腿力摆荡秋千,摆荡幅度达到一定水平时,用脚踢响设置约 5 米高的铜铃为止。

荡秋千踢铜铃

第七章
武术健身类民间体育项目

武术健身类民间体育是指以展示打拳或使用兵器技术，兼以修身养性、强健体魄为主要目的民俗活动的总称。闽台民间武术健身类传统体育内容十分丰富，本章就几种比较典型的项目进行介绍。

南少林武术始发于泉州地区，武术活动始于晋唐时期，在宋朝时期非常盛行，历史非常悠久，至今仍然具有广泛的影响力。以南少林武术为代表的泉州武术是泉州优秀文化积淀的重要组成部分。其中，五祖拳、狗拳、永春白鹤拳等是南少林武术的主要拳种，也是南少林武术拳术系统的宝贵遗产。

一、五祖拳

"五祖拳"是泉州一带源远流长的太祖拳。泉州太祖拳的雏形是宋太祖赵匡胤始创的"三十二式长拳"。"五祖拳"的全称是五祖鹤阳拳。它是福建武术的一大流派，是福建七大拳术（五祖拳、地术犬法、永春白鹤拳、龙桩、虎尊、连城拳、福州鹤拳）中历史最悠久、传播地域最广泛的拳术。由清朝末期福建泉州武术家蔡玉明吸收达尊（罗汉）、太祖、猴拳、玄女（行者）、白鹤五大拳精华创编而成。

"五祖拳"的风格不花哨，比较简洁、刚猛，出击时直指要害，以寸劲见长，实战性强。手法、脚法、功法是五祖拳武技的三大支柱，从其阴绵的手法、灵活的脚法、细腻的功法以及颤震的发力劲道，足能看出高深之处。五祖拳手法包括六门八法、新八法、六门八节，脚法包括缠、踢、曲、剪，功法是摇身震胛。手法、脚法、功法是练习五祖拳必不可缺的基础，也是"五祖拳"搏击技法的特点。"五祖拳"出拳迅速有力，脚步稳重坚牢，初学五祖拳者以训练马步为主，必须练就稳重如山之势；然后训练走步、腾跳跪曲、扑地剪腿等,循序渐进练就灵活多变、出其不意的脚法功夫。

"五祖拳"的套路数量众多,有记载的可达200多套。其中多数以大套路为主,占到总数的80%以上,其常见的入门基本功包括:三战、二十拳、四门打角、三战十二、双绥这五大套路,同时配合着轻功、心法、展身、闪身、力量、韧带、擒拿、摔跤等训练方式。

二、狗拳

"狗拳"是南少林武术的重要组成部分,又可以称作"地法"、"地术"、"地术犬法",主要流行于福建南部地区。狗拳经过百余年的传承,融合了南拳的特点,演化出了许多分支流派。有的善于下盘捆绑,以防守为主;有的善于技术,以攻击为主。狗拳练功时讲究身、基、腰、马、威、势、气、力八个字,同时也讲究奇、巧、变、巧、轻、速、硬,要求身体端正、步法稳固。"狗拳"的动作灵活多变,多用短手,善用腿法,以行为拳,以意为神,以声助气,以气催力。不仅有"抖神穿针"等进攻性技术,又有"狗咬粽"等防守性动作,更有"穿针压笋"等攻防兼备的技术。[①]

"狗拳"主要以踹、蹬、扫、勾、撩、踢、绊等腿法为主来施展各种地术攻击动作。其主要技法有风车轮、金绞剪、穿针、抢背、蝴蝶脚、狮子滚球、乌龙绞柱等。[①]"狗拳"分为上、中、下三盘。上盘套路有三战、三十六手等。上盘动作讲究五行变化,遵行五行相生相克。发力上讲究气蓄丹田,足与腰发力。在实战中,"狗拳"尤其重视手法和步法、脚法和身法的协同应用,达到拳到脚起、脚到拳落、手脚连用的境界,以求守中寓攻、后发制人的目的。中盘套路有双蝙蝠、七星坠地等。动作以立跪为主,多摆矮桩。配合闪、展、腾、跳跃等身法,上下起伏,起时可以立即起身回击,伏时可以快速转入下盘,因此"狗拳"的中盘动作具有承上启下的转合作用。而下盘动作也指地上动作,是"狗拳"的动作特点之一,也是狗拳拳术的核心和灵魂,是战术运用中最能"一骑绝尘"、"克敌制胜"的法宝。下盘套路主要有十八联珠、梅花秀、十八滚、三狮滚等。下盘动作以地上的跌、扑、翻、滚、穿、绞等为主,两手支撑为辅。犬法下地风轮车是最基本也是最常见

[①] 陈光明、罗伟文:《狗拳(地术拳)实战技术介绍》,《精武》2010年第7期。

的动作。

归纳来说,狗拳主要实战技术有:

1. 先发制人

在与敌手近距离格斗时,乘对方退后瞬间或下盘不稳空虚之时,迅速从下盘入手发动攻击,打他一个措手不及。

2. 声东击西

当双方身体接触,上盘交缠难分上下时,可采取指上打下等虚招方式,借攻打上盘的声势,实则攻其下盘,迷惑对方。在敌手捉摸不定之时,急速转入下盘,出奇制胜,制服敌手。

3. 后发制人

在敌手进攻态势猛烈,难以招架的情况下,可先侧步退让,甚至假装不敌败退。在敌手疏于防范、上步追击时,后退转身,迅速用绞、缠、剪、绊腿法攻击敌手下肢关节处,即"以退为进"之计。

4. 被动反击,以弱胜强

在自身处于劣势或被动攻击时,化被动为主动,顺水推舟,借力化力,乘势倒地反击对方。

5. 捆绑擒拿

在与敌手身体接触时,抓住敌手身体部位,顺势倒地,用勾、绊、缠、扭、绞、剪等捆绑擒拿技法牢牢锁定其四肢关节,使其彻底丧失反抗能力。

三、永春白鹤拳[1]

"永春白鹤拳"因拳师在打拳前的第一个动作——独脚站立的白鹤造型("白鹤寄脚")而得名。"永春白鹤拳"的内容多彩多样,有徒手的,也有持器械的,还有点穴的等等。徒手的拳法共有手、脚、头的五种技术,有108个技法和十多个套路。每个动作都有自己的名称,如"鹤冠"、"鹤脚"等;每个技法也有名称,如"白鹤踏雪"、"白鹤展翅"等。

永春白鹤拳动作形似鹤姿,刚柔相济,姿态优美。善于运用掌和腿。攻击时一般用指力,防守时则用节力为主。从内到外要做到内节如铁、外

---

[1] 王煌彬:《泉州永春县"白鹤拳"调查报告》,本课题组学生调查报告。

节如棉。腿的技法主要有踢、扫、勾等。讲究以静待动、以气推力、脉力流畅、内外合一,故气功训练是"永春白鹤拳"重要训练内容之一。

永春白鹤拳素有"风雨雷电"的口碑,在连续进攻时遵循"遇空则打、踩顿相连"的原则。"遇空则打"是指在紧张的技击对抗中从容地观察对手的举动和周边的环境。如遭遇"急功近利型"敌手时,采用"有桥就过桥"的顺势策略,运用果敢勇猛的主动进攻之法,力压对方气势,迫使其暴露"空门",抓住弱点加力进攻。如遭遇"冷静沉着型"敌手时,采用"无桥自作桥"的诱敌策略,以诱敌深入为方式,探清对方虚实,知己知彼,分析不同情况,等待战机,适时改变自身的进攻或反击策略,抓住对手的弱点予以不间断的打击。

"踩顿相连"是指通过前脚快进、后脚紧跟的方法,使自身在进击中快速地逼近对手,在这种快速前进的冲力作用下,趁贴近对手的瞬间,全身劲力猛然下沉,两脚之力蹬地而起,将这股前冲的外力收住转化为向上的反作用力,与两脚蹬地之力合二为一,腰部顺势而转,配以技手朝敌方空门顿进而入。① "遇空则打、踩顿相连"强调的是技术的整体发挥,要求洞察力与劲力的有机结合。

四、连城拳

"连城拳"又称"连城少林拳"或"少林独门拳"。始于北宋,盛于清代顺治年间,有近 900 年的历史。它以急促凌厉、舒展大方见长,兼有南北武术所长,不仅具有嵩山少林拳流派的精华,更有南方众家拳法的专长,擅用短劲,以防为主,攻防兼备,独具一格。"连城拳"可分为"南田黄家拳"(今连城县隔田村)和"洋地巫家拳"(连城县姑田镇洋地村)两种。

南田黄家拳最初以连城南田村黄氏黄九四郎在宋朝端拱年间于河南开封少林寺学习的少林拳法为基础。清朝顺治年间,在连城拳师黄思焕与其师父黄宗南以及宗人黄百家、简宗源等人的研究和切磋下,创编出"南田黄家拳"。清朝中后期,黄观杰等人通过在实践过程中所积累的经验,对黄家拳进行了一些改良,主要为缩减动作,完备技法,精炼套路。民

---

① 杨升、郑一军、黄锦标:《永春白鹤拳实战技法讲评》,《搏击》2009 年第 5 期。

国时期,"南田黄家拳"在新加坡、马来西亚、泰国等地兴起,并受到当地华人的喜爱。

洋地巫家拳由连城姑田镇洋地村巫氏巫必达所特创。巫必达从小练武,也特别刻苦,在其祖父巫应寿的指导和调教下,其少林武术拳种造诣很高。后来在与各家名师的交流切磋中,领悟到少林拳所蕴含的攻防刚劲手法以及内家拳所蕴含的"藏精、蓄气、培神"的稳定特点,把二者相结合,去粗取精,创编出"洋地巫家拳"。

连城武术操

南田黄家拳和洋地巫家拳构成了连城拳。连城拳有完整系统,分拳术、器械、对练等几十个套路,有单勾、双勾、猛虎跳墙、八步缠狮、七拳、四门拳、蛤蟆觅水、捆手、单提、花勾、老虎伸腰、心安拳、老花拳等。器械套路以棍为主,有大阵棍、二十八宿、流水棍、烂秆缠绵、枯树架桥、淮枪棍、老棍、大峰枪、子午棍、起脚枪(赶狗棍)等。另外还有双刀、山字耙、铁尺、勾连枪、锏、双剑、七星耙、凳术、盾牌等。对练套路有:对练拳、对练棍、棍对耙、棍对勾连枪、棍对大刀、棍对凳、棍对盾牌、棍对铁尺、棍对双锏、棍对七星耙、钩镰枪对大刀、勾连枪进山字耙、空手对双刀、空手对耙等。[1]

---

[1] 江积仕、林蔚学、吴福瑞:《"连城拳"为何大放异彩?》,《闽西日报》2010年7月14日。

"连城拳"的风格特点及练功方法:连城拳重视防守,以静制动,短打为主;动作以斜身(侧身)为主,身灵步活,兼南北二家之长,既舒展又凌厉。其拳诀要求为:"进退如风、来去无影","守吞三分、进退三尺","起脚不过腰"。讲究用"多钩拨腿法",即用脚钩拨敌手后跟后,将对方击倒。连城拳动作简单精练,没有过多的华丽外表装饰和高深莫测的气功修道,讲究动作流畅,强调"未学武先,立德习医"的武德精神,实战性特点比较突出。

五、金斗洋畲家拳

福建省宁德市福安县金斗洋村流传的畲拳是南少林武术的一支流派。这个小山村唐朝末期就已有畲族山民在此落户生活,后来流行着一种叫"畲家拳"的拳术,如今被誉为"武术之乡"。早在春秋战国时期,畲族先民就开始练习武术了,世代相传,以福安、福鼎、罗源、霞浦等地区尤其出色。明代畲族"八井拳"形成,又称为"打拳头",是罗源地区的代表。在福安金斗坪流行的是"吴家庄"拳,因为其三十二代孙雷进朝尽得其术,艺精力大,又有"豹拳精"的称法。以上种种后来都汇于畲家拳。

"畲家拳"因为少与外界进行交流,还保持着传统的面貌。其脚步稳重,气势强烈,发力时间短,刚劲勇猛,别具一格。打拳时重在防身,善用手法,防守严谨,进攻时较多地使用掌法和指法。金斗洋人练武非常注重武德,讲究礼让,不会先行动手,擅长后发制人。"练拳术武亦修德,一练筋骨,二练技,三打不平,四养性"是他们的祖训,他们还专门为此订立了《习武健身武德》。

《习武健身武德》有言:"习武健身莫心急,循序渐进守规矩。尊师训练即妙方,练到真功莫骄傲。真艺不传非君子,少林戒约切记清。若得真技要谨慎,可教高德有志人。既知经络伤人命,不可随意施术行。制服于人不伤命,何须动手不留情。为国捐躯可应征,扶弱除强亦可施。若凡要使真功夫,穴位拳法要精通。一知半解反挨打,半途而废非门生。劝君练武莫怕苦,小树日久必成材。若欠武德众人厌,良师拒收歹徒弟。此为少林真绝技,切莫轻易向外传。"①可见畲族武德的内容特点与习武之人对武德的重视。

"一疾、二硬、三力"是畲家拳的特点,被誉为"三绝"。拳、掌、指等手法是畲家拳最为擅长的,要拳时各种手法就交相使用,以小动作为主,有时仅仅是前进或者倒退一步时其手法就会有数种甚至是十多种的变化,各种手法交替变化使人眼花缭乱。练步又称为"练马",是畲家拳的基础功,容易学习,但要练到精湛的程度是非常困难的。畲家拳具有十多种套路:"小六步"十八式,"大六步"二十七式以及"三角战"(入门套路)、"四门"、"五步子"、"七步"、"上半尺"、"下半尺"等等。各个套路动作不同,招式变化多端,但同时都具备手狠、步实、力猛等特点。畲家拳在演练时形象威武、步伐稳健、气势雄壮。

畲家拳有徒手套路、器械套路等形式,器械主要有棍和剑。畲家拳对人体的力量、柔韧、弹跳、速度和耐力等方面都有很高的要求,所以平时练习对力量、速度、耐力等训练都很严格。畲族拳需要长时间的训练,并辅助石锁、石狮等运动器械,对人们克服困难、培养自信心具有潜移默化的作用,对传承民族文化,培养刻苦耐劳的传统美德有良好的推进作用。

六、流民拳

流民拳是台湾的特有拳种,是台湾地区客家人传承发展的一套拳法,俗称为"流氓拳"或"客家拳"。客家人早年因战乱常流离失所,早期拓垦台湾时期,常与其他族群发生冲突,为求生存和防身之用,客家人把各派别武术的精华浓缩,选取最为实用、最具实战的部分,形成了自己别具一格的流民拳。流民拳强调"招不过三",招招都是绝招,没有所谓的无用动作。因此,有些专业人士认为它并非属于一种门派,而是一种改编套路。

流民拳拳法多用箭拳、切掌、马指手,在步法上有四平大马、丁马步、方步、蝶步;在身法上以低马之尖为主,步法上要求稳健扎实,左右变化多端,动作刚柔相济,以柔带刚,攻守兼备。现在台湾的客家人仍然流行这种拳法。

---

① "畲家拳",百度百科[EB/OL],http://baike.baidu.com/view/780859.htm。

七、元极舞

元极舞是台湾较为普及的一种全民健身运动,今天你无论在城市、乡村,或是社区、公园以及运动场所,随处可见人们操练这种舞蹈、武术兼有的体操。练习时,人们伴随着音乐婆娑起舞,动作简洁活泼,姿态优雅秀美,融舞蹈、武术、医学、气功、音乐知识于一体。

元极舞根据元极学理论创编,元极功法以元极图理论为核心,探索了人类的起源,并进行了人体研究。元极舞功法渊源于"太一道"。"太一道"在金元初期被元世祖忽必烈敕封为国粹,那时只有上层贵族可以修炼,后来莲花山宗师张志祥先生根据"元极密录"中"平常心是道,功在日常中"的修炼原则,结合舞蹈、武术、医学、气功,并配合节奏柔和的音乐创编成元极舞,作为一套健身功法公布于众,由林荣昭先生引入台湾。由于它易于习练,很快在台湾普及开来。

元极舞的主要特点[1]:

1. 元极舞融"混沌初开法"的静功、动功、按摩功的精华于一体,寓练功于娱乐中,跳舞即是练功。集体跳元极舞,可以组成强大的三元场(元气、元音、元光),能收到更好的效果。

2. 元极舞既没有高难度的动作,又避免了练功中的严肃性。动式简单,形式活泼,不用意念,不管经脉气路运行,只借助"元极音乐"中元音贯通和舞蹈姿势的导引而达到调和身心、协调脏腑、疏通经络的作用,产生不求治病而病自愈,不求延年而寿自长的效果,易于普及。

3. 元极舞十二节既是一个结构完整的舞蹈,也可根据需要选节单跳,还可以集体跳。同时运动量小,时间和活动场地均不限,有较大的灵活性和适应性,因此新老学员可以同时练,男女老少都能跳。

---

[1] "元极舞",百度百科〔EB/OL〕,http://baike.baidu.com/view/2241848.htm.

元极舞部分套路介绍

序集	名　称	招　式			特　点	功　效
1	金莲初开（十二式）	灵苗初露 荷起清莲 莲蕾乍现 金莲盛开	甘露普润 碧波荡漾 含苞待放 心莲发朗	迎风摇曳 雨后新荷 翩翩起舞 天地人和	以按摩为主，加上基本动作	静动结合健体强身
2	金莲普开（十四式）	春回大地 荷光灿烂 日月同辉 心的呼唤 人天同乐	灵苗发长 皆大欢喜 万象更新 吉祥如意 团圆寿福	五彩缤纷 返璞归真 天清地泰 金莲普开	以拍打穴道为主，加上元极二部功法动作	疏通经络，活血开窍，祛病强身，延年益寿，调节体能、提高记忆力，减肥美体
3	迎春接福（十六式）	春天来了 春燕展翅 春龙布雨 玉龙腾云 甘露普洒 春满人间	万物复甦 白猿献果 丹凤朝阳 春风得意 金莲盛开	灵苗发长 鹤舞松阴 金凤起步 心莲映日 万物发声	以运气为主，加上元极三部功法动作	协调手眼放松全身
4	春回大地（五式）	旭日东昇 五穀丰登	辛勤耕耘 皆大欢喜	金莲发长	以心德功为主，加上武术各家所长动作	舒缓活顺气血
5	春满人间（六式）	春光灿烂 水净月圆	江山多娇 云天紫霞	喜乐田园 春满人间	以养生保健为主	净化心灵陶冶情操
6	元极操（八式）	揉球式　七星式　推掌式　缠掌式 亮掌搂膝式　云平拨云望 月式乌龙翻花捶			以操舞为主	健体强身
⋮						

第八章
瞄准投掷类民间体育项目

瞄准投掷类民间体育项目是指借助目测预先判定目标位置,通过向目标抛扔物品的方式,以期命中目标而进行的民俗活动的总称。

一、攻炮城

"攻炮城"是闽南及台湾地区在每年正月期间人们广泛参与的一项特色传统民俗游戏,是民间节日习俗中的体育民俗部分。

"攻炮城"由民族英雄郑成功操练水师的有关活动演化而来。据传,明末时,郑成功在闽南沿海一带操练水师,准备收复台湾。可每到年节,部队中士兵们会因思乡而经常开小差。郑成功部将洪旭为了解决这个问题,创造了"攻炮城"的游戏,鼓励节日中官兵同乐,齐攻"炮城"。这一游戏消除了士兵们的思乡情绪,增添了军队中的节日气氛,还有效地锻炼了士兵们的抛掷能力、瞄准技巧,提高了实际作战能力。攻下炮城者还能证明个人能力,得到重奖,因此深受官兵们的喜爱。后来这一意趣横生的游戏逐渐流传到民间。1945年台湾收复后,该游戏也在台湾广泛流传。

"炮城"一般选在空旷处进行搭建,用竹藤将数十根长成熟并晾晒干净的大竹竿缠绕打结,三角立架构建成悬挂炮城的外骨架,高度5~7米,其中竹头段须插入地下20~30厘米,以稳固地基,并延伸出2~3米的投掷区域。整个搭建过程只用竹竿和竹藤作为搭建材料,没有用到其他任何五金(如钉子等)来加固,搭建人员需有一定的建筑技能和经验,悬挂炮城的外骨架建成后,会在外骨架竹竿顶端插上红旗,门头两端挂上横幅或广告牌以示装饰和宣传。炮城用竹子扎成城垣形状(有些成圆形脸盆状),外糊彩纸,内侧四周缠绕一串长鞭炮,象征古代城垣,炮城制好后,悬挂在外骨架上。部分地方仅用一根竹竿作为炮城。

搭建炮城

"攻炮城"的游戏规则：参与者自愿报名，人数不限，轮流进行投掷。攻城开始时，选手们需在投掷区将事先准备好的鞭炮点燃，对准炮城投掷，先利用鞭炮爆炸的威力炸破炮城外糊的彩纸，再借用鞭炮的火花触发点燃城垣内鞭炮的炮芯，引发炮城大爆炸，即为获胜，游戏结束。获胜者可获得较为丰厚的奖励。

个人投掷能力、瞄准技巧和运气成分是获胜的关键因素。攻下炮城并非易事，人群一波接着一波，屡战屡败、屡败屡战的现象经常出现，持续好几个小时。由于"攻炮城"会涉及爆竹烟火，具有一定的危险性，应当特别重视安全，不能在人员密集处及禁止燃放烟花爆竹的区域开展，现场观众须与赛场间隔出安全的距离，老人及小孩不宜参加此项活动。

"攻炮城"除了能锻炼参与者的上肢投掷力量、投掷技巧外，还十分考验参与者的智慧和胆量，需要其选择恰当的攻城时机，掌握攻城节奏，与竞争者既寻求合作又争取机会胜利，可谓是一项胆识与机智并举，"斗智又斗勇"的年俗活动。

近年来，随着城市环境保护力度的加大，烟花爆竹禁止燃放的规定与这一民俗活动的开展形成了鲜明的矛盾，"攻炮城"这一民俗活动基本上现在只能被压缩在农村或郊区边缘地带开展。此外，大量农村人口进城务工，使得大部分人特别是年轻一代逐渐淡忘了这一传统活动，许多外乡人又很难接触到这一活动，因此"攻炮城"有日渐式微的趋势。如何化解其中的矛盾，保护和传承"攻炮城"这一民俗体育游戏项目，使其可持续发展，亟待社会各界重视、商讨和研究。

投掷鞭炮

二、竿球比赛

"竿球比赛"是台湾高山族的支系排湾人传统祭祀节日"五年祭"中的一项活动，体现出了民俗活动中的体育成分。它的起源有这么一个传说：排湾人的神灵每隔五年要回部落探访自己的子孙后代，于是排湾人每五年就举办一次祭祀活动来祭祀祖先，并祈福下一个五年的四季风调雨顺、百业兴旺、生活幸福安康，活动一直流传至今。

竿球比赛所用竿球又叫作刺球、顶球，用高山族语叫作"卡不隆"球，一般为软藤编制而成。

竿球比赛程序：

1. 竿球比赛前，由部落祭司、长老们选定吉日，派青年人进山砍伐竹子，砍回来的竹子需进行祭祀，过火驱邪。

2. 正式比赛时，全体男士需盛装出席。其中参赛者人手持一根竹竿，长度约 2.6~2.7 米,在竿顶上方会插上一把刺刀,长度约 25 厘米。

3. 具体规则:代表"丰收"、"丰猎"、"健康"、"婚姻"、"英雄"等不同意义的 10 颗球被抛掷空中,由参赛者用竹枪争相刺球,所刺中的球可收入囊中,也寓意排湾人祖先神灵会保佑其在下一个五年享有这个球所代表的好运。待所有球全部被刺中后,有刺中球的参赛者将所刺中球带入场内,一起自由抛掷球,待主管者刺中其中之一便结束比赛。

刺球比赛是一项结合了体力、技巧的民俗运动。刺球比赛活动参与人数众多,具有一定的竞争性,参赛者须进行长时间且有一定强度的身体活动。从刺球比赛的整个活动来看,具备了体育活动步骤:要选取材料制作刺竿,搭建比赛所需要的场所,然后根据体育竞赛规则,通过比赛的方式进行刺球,使得活动有条不紊地开展。活动在热闹、轻松的氛围中进行,身心锻炼的效果很好。

竿球比赛

三、背篓球

"背篓球"又称为背篓会,是台湾少数民族高山族男女青年求爱结情的一种活动形式,同时也是猎手们以猎物投掷对方背篓中的一种游戏形式,而后逐步发展为民俗体育项目,在高山族学校中作为一种纯娱乐性的体育活动经常开展。

背篓球的比赛形式:

1. 比赛场地:一般在边长为15米的正方形场地中进行。

2. 参赛队伍:两队一组,人数相等,男女可配合进行。

3. 比赛道具:背篓和"球"(可选用沙包、橘子、乒乓球、槟榔、布制熊、虎等)。

4. 比赛规则:比赛时,一方的队员将本队的"球"通过传递投入对方所背的背篓中。背篓者可以进行躲闪避开投掷者投来的"球",投进背篓的球越多,得分越高。比赛中如有犯规动作则要罚分,以投中多者为胜。每局规定时间5分钟,五局三胜制。

背篓球

第九章
棋艺娱乐类民间体育项目

棋艺娱乐类民间体育是指以棋、牌、骰子等智力性游戏活动为主的民俗活动的总称。

一、中秋博饼

"博饼"又可以叫作"博状元饼"、"夺状元饼",起源于厦门地区,流行于漳州龙海、泉州安海以及台湾金门等地区,被列入福建省第一批省级非物质文化遗产名录。

"中秋博饼"的流传说法与郑成功有着密切关系。据说在300多年以前,郑成功以厦门为根据地抗击荷兰侵略者,因为中秋节时节士兵思乡情重,郑成功的部将洪旭为了冲淡、宽慰士兵背井离乡、思念亲人之情,激励士兵们先国后家、克敌制胜的斗志,便设计出一套"中秋会饼"的游戏。由于该游戏"寓教于乐",郑成功批准每年的农历八月十三日到十八日,军中士兵按照单双日分批轮流赏月玩饼。后来这项独特的游戏在民间逐渐地流传和改进,成为厦门地区一项有趣的民俗活动。

传统博饼活动中,人们博的是月饼,因此月饼在博饼民俗活动中称作"会饼"。会饼是由63块大小不一的月饼组合而成的(63代表延平王郑成功,而81是帝王数,72是千岁数)。此外,63与明清时期科举规定中的各级科举制度头衔相符,即状元1名,榜眼(对堂)2名,探花(三红)4名,进士(四进)8名,举人(二举)16名,秀才(一秀)32名,正好为63。

近年来,随着生活水平的提高,会饼的形式也在逐渐发生着变化。大多数的单位和家庭之间已经不再使用月饼来博饼,而是根据博饼的游戏规则,按照会饼的等级和数量用实用物品来代替,例如:果冻、薯片、可乐等食品,也会用牙膏、沐浴露、洗衣粉等生活用品。博饼的乐趣不在于礼品的贵重和大小,重要的是人们围在一起博弈的乐趣和共享团圆的美好时刻。

"博饼"的工具:包括63个会饼(现今用其他物品替代),骰子一副(共6个),以及1个大陶瓷碗。因为骰子与木碗、瓦钵或者不锈钢等材质的碗碰撞时没有声音,而与瓷器碰撞时会有清脆的撞击声,与人们博饼时的氛围相符合,于是人们都采用瓷器的碗而不用塑料碗等。

"博饼"人员与规则:一般以10人为一组,也可适当地增减人数,轮流博弈。首先指定一人取出两颗骰子扔出点数,按照逆时针方向数出点数,数到者即为本次博饼的起博者。按照逆时针顺序,每人依次将6颗骰子投掷于瓷碗内,每次按骰子呈现的不同数字情况进行判定。

博饼

出现1颗红色四点代表"一秀",共32个;出现2颗红色四点代表"二举",共16个;出现4颗一样的数字(除红色四点外)代表"四进",共8个;出现3颗红色四点代表"三红",共4个;若骰子的点数按照一至六顺序出现代表"对堂",共2个;至于状元,有几种情形,但最终只有一个,分为不同等级,以最终所获级别最高者为胜。

"状元"按从小到大的等级排列具体为:

1.若有4个"四点",则为"状元",比较另外两个骰子点数的大小,点数大者为胜。

官级	别名	特征	说明
秀才	一秀		六粒骰子中有一粒为4点
举人	二举		六粒骰子中有两粒为4点
进士	四进		六粒骰子有四粒点数相同（除4外）
探花	三红		六粒骰子中有三粒的点数为4点
榜眼	对堂		六粒骰子为123456
状元	四红		六粒骰子有四粒为4,另两粒除4和同时为1外
状元	五子登科		六粒骰子有五粒相同（除4外）
状元	五红		六粒骰子有五粒4
状元	黑六勃		六粒骰子全部为相同点，除1和4
状元	遍地锦		六粒骰子全部为1
状元(至尊)	红六勃		六粒骰子全部为4
状元	插金花		六粒骰子有四粒为4,两粒为1

博饼规则

2.若有5个相同点数的称作"五子登科",先比较相同点数的数字大小,5个红4称作"五红",为最大,其他按数字顺序比较。如果相同点数的数字一样,则比较后面的点数大小,点数大者胜。

3.若有6个相同点数的称作"黑六勃"(除一和四外),按照数字顺序比较大小,点数大者胜。

4.若有6个"一点"则称为"遍地锦"。

5.若有6个"四点",称为"红六勃"或者"六抔红"。

6.若是4个"四点"加上2个"一点",则称为"状元插金花",是状元中最大的,可以拿走"状元"和"对堂"的奖品。

"状元"的奖品要在其余奖项的奖品全部博走后,由最后博出最大"状元"等级的人夺得,如果博出的是"状元插金花",还可以拿走"对堂"的奖品。

"中秋博饼"的游戏规则简单且公平,富有生活气息。最初只是有身份地位的人群在中秋赏月时附带的一种消遣性游戏。随着"博饼"活动的不断发展与普及,越来越多的人群参与到其中,人们开始把"博饼"当成一种信仰和幸运,认定博到"状元"将会为自身带来好运。"中秋博饼"将中国科举制度和博弈情节有效地结合起来,并将其文化不断进行延伸,体现出了团结、拼搏、和谐、平等的精神内涵,凸显了闽南地区,特别是厦门人民悠久深厚的民俗文化内涵。

> 知识点:
> (1)用 6 粒骰子博饼的原因
> 骰子是赌博中常见使用道具,一般而言,"打麻将"或"推牌九"等摇骰采用 2 粒骰子,赌大小点则用 4 粒。中秋会饼为与赌博风气划清界限,故采用 6 粒骰子。同时易卜时也是用 6 粒骰子,在当时具有一定的积极意义。
> (2)用四点作为奖点的原因
> 骰子从 1～6 有六种点数,为什么唯以"四"为奖点呢?这是因为,儒家思想讲求以"人"为核心,骰子占卜中谓"六六为天,幺幺为地,四四为人"。

二、"公背婆"

福建省泉州市石狮市蚶江镇蚶江村后垵"公背婆"趣味体育比赛,又称"公婆齐心排雷排弹",是借用福建泉州民间传统街头艺阵"公背婆"民俗舞蹈形式转化而来的,从 2009 年开始,作为石狮蚶江端午闽台对渡文化节的配套活动开展。

1. 组织与裁判

石狮市体育总会负责具体组织,抽调石狮市专业体育教师进行执裁。由于是非竞技性的趣味性群众性体育比赛,相对容易引起争议,要求组织更细致。

2. 参赛对象

(1)"夫妻组合"、"情侣组合"或男女组合,自愿报名。

(2)"妻子"(女子)体重必须达到 45 公斤以上,未达到者按 5 斤、10 斤为砝码(以此类推)进行加重。

(3)比赛时要求着大会指定并提供的"公""婆"特定民俗服装。

3. 场地器材及设置

(1)场地器材:赛道3道,每道气球(象征地雷)5只,接力棒(象征炸弹)5根,悬挂的锣1面。

(2)场地设置:赛场长25米,宽5米。在前进段前后每相距5米,左右错位1米放置1颗象征性的地雷(气球来代替),返回段平位放置1颗炸弹(接力棒),终点悬挂锣。

4. 比赛内容和方法

象征性的"夫妻(男女)组合","丈夫"(男)背着"妻子"(女),"丈夫"(男)用手巾蒙住眼睛并在胸前挎一笞筐,从起点开始,由"妻子"(女)指挥引导"丈夫"(男)出发,在前进途中依次排除埋下的"地雷"(即踩破设置的5只气球)后,到达返回点,"丈夫"(男)方可解下蒙住眼睛的手巾,然后迅速返回;由"妻子"(女)在返回途中依次排除安放的炸弹(即拔起5只接力棒),其中前4颗"炸弹"(接力棒)要放在"丈夫"(男)胸中的笞筐中,当排除第5颗"炸弹"(接力棒)后,迅速冲向终点,并由"妻子"(女)用接力棒敲响悬挂的锣以庆祝排雷排弹成功。比赛以时间快慢决定名次,用时较少的组合获胜。

5. 基本要求

(1)比赛过程中"丈夫"(男)要始终背着"妻子"(女),不得落地。

(2)到达返回点前,"丈夫"(男)不得解开蒙眼的手巾。

(3)"排弹"和敲锣任务必须由"妻子"(女)独立完成。

(4)"排弹"(拔起接力棒)时,"丈夫"(男)可采用下蹲降重心等手段帮助完成,装在笞筐中的炸弹不得掉地,若掉出,则须由"妻子"(女)捡起并放回笞筐中。

(5)比赛过程中必须分别由"夫妻"(男女)完成下达的"排雷排弹"任务,比赛不得越道影响他人。

6. "公背婆"趣味体育比赛的民俗文化内涵

"公背婆"趣味体育比赛是趣味、体育、文化的一种融合。它在闽南传统"公背婆"民俗舞蹈基础上进行了很好的改良,有利于该民俗活动的宣传、发展和传承。它能让家庭夫妻双方或组合双方从中体验到参与感,体验团结协作带来的乐趣,促进家庭社会和谐。体育应服务于大众,既能吸引群众来参加获得锻炼,享受乐趣,又能营造民俗文化氛围,传承民俗文化。目前正大力提倡推广全民健身运动,更有必要推广如"公背婆"这样的集趣味、体育、文化于一体的体育项目。

三、"包粽子比赛"

福建省泉州市石狮市蚶江镇蚶江村每年的端午节有"包粽子比赛",是闽台对渡民俗文化配套活动之一,目的在于节俗中增加邻里感情,沟通交流,拉近彼此间的距离。2012年石狮蚶江端午"包粽子比赛"分为淘汰赛、半决赛和总决赛三轮,共有58位选手自愿报名参加。

总决赛比赛规则为:时间7分钟,每人需包10粒粽子,120克/粒。分别从速度(50分)、重量(20分)、大小(10分)、内馅(10分)、美观(10分)五个方面进行评比,总分为100分。

评比标准:

(1)速度:在限时限量完成的情况下,此项得满分。参赛者提前完成任务,每提前30秒奖励3分,以此类推。超出3分钟(含)者现场淘汰出局。

(2)重量:5个粽子600克为标准,正负误差在30克之间,此项得满分。超出1~10克扣2分,超10~30克扣6分,超出30克(含)以上扣10分。

(3)大小:以样品为准,过大扣1分,过小扣1分。

(4)内馅:馅料(卤肉1块、莲子1粒、鸡蛋1粒、香菇1朵、虾仁1粒、干贝1粒)按规定投入制作,则此项满分,少放一样材料扣1分,用手抓材料每次扣1分。(注:现场工作人员监视)

(5)美观:米爆漏扣1分,形状差扣1分,过松扣1分。

值得一提的是,比赛完成后,所有的比赛粽子并非随意处置,而是集中送给了附近养老院的老人们品尝,给节日增添了一抹"奉献爱心"的亮色。

四、"抢灯"[①]

厦门市翔安区新圩镇古宅村是一个典型的稻作村,自给自足的生活方式400多年来影响着每一代人。每年正月十五举行的"抢灯"祈福、祭祖节俗,也有感谢祖先赐予丰收之意。

古宅村于正月十五举行的"抢灯"民俗起源于明朝,当时只在村里上年的正月十五到来年的正月十五有数个男婴出生时,才会举行这个仪式。一是感谢祖先让自家添丁;二是让其他没有男婴出生的村民沾点喜气,并祈求来年得一子;三是感谢祖先保佑全年丰收。

"抢灯"先要制作"花篮"。花篮的形态像中国的古塔,也象征着这个家族人丁兴旺。花篮是用竹编的,后来也有用塑料篮子的。制作花篮的师傅们会用竹子编成一座塔一样的篮心,然后把水煮的羊绑在最高处,下面用烫过的鸭子顺着篮心基座绑到最高,最后用各式各样的花草、气球、小玩具装饰。其实气球和小玩具过去是没有的,那时只用鲜花装饰,但随着生活丰富,村民们依着小孩子的爱好将玩具也一并带上了这个花篮,使其更生动好看了。这个花篮主要用于感谢祖先赐予男丁,花篮上绑一个灯笼,在闽南语中"灯"相当于"丁"。

抢灯的仪式在正月十五的中午12点举行。大约在10点左右,有男婴出生的村民家就要由家中的两个男人将花篮抬到祖厝,还要有一些男人一路跟随者,一边走一边放鞭炮。到了12点,所有花篮就位,族长会请戏班入内唱戏,拜祖。等仪式结束后,祖厝门前广场燃放礼花鞭炮,全村同庆。同时开祖厝大门,请早已等得急不可耐、祈求来年生子的人群进入祖厝,抢,抢,抢,抢,抢……有灯抢灯,没灯抢花,好不热闹,当然花篮中的鸭子和羊是不能去抢的。抢完之后,还要在祖厝的大空地上燃放烟花爆竹焚香祭拜,要等所带来的烟花鞭炮都燃放结束,花篮才可以从祖厝各自抬回家,还要在各自家里供奉祭拜后才能拆下来,把鸭子、羊从花篮上取下来,在晚上宴请亲朋好友。

---

① 黄雅芬:《厦门翔安区新圩镇古宅村"抢灯"专题调查报告》,本课题组学生调查报告。

附　录

一、闽台民间体育传统习俗文化遗产资源调查报告目录

1. 方奇、李蕊、曾丽莉：《泉州石狮市蚶江"北狮"专题调查报告》
2. 方奇：《泉州石狮市蚶江端午闽台对渡文化"海上泼水"工作人员和参与者调查报告》
3. 方奇、李蕊：《泉州石狮市蚶江"公背婆"趣味体育比赛调查报告》
4. 方奇、李蕊：《泉州石狮市蚶江端午"包粽子比赛"总决赛调查报告》
5. 刘芝凤、郑慰琳、张凤莲、朱秀梅、王煌彬：《泉州石狮市华山村综合调查报告》
6. 王煌彬：《泉州永春县"白鹤拳"专题调查报告》
7. 黄辉海：《泉州永春县岵山镇塘溪村综合调查报告》
8. 黄辉海：《泉州安溪县湖头镇湖村综合调查报告》
9. 王煌彬：《泉州安溪县剑斗镇红星村综合调查报告》
10. 刘芝凤、林江珠、胡丹、卓小婷、林婉娇、王煌彬、柯水城：《泉州安溪县蓬莱镇清水祖师巡境活动综合调查报告》
11. 黄雅瑜：《泉州南安市美林镇洋美村中元普度节综合调查报告》
12. 姜海文：《龙岩连城县北团镇上江坊"游大粽"专题调查报告》
13. 方奇、上官婧：《龙岩连城县庙前镇庙前村官屋余庆堂"游大龙"专题调查报告》
14. 刘芝凤、陈燕婷、林婉娇：《龙岩连城县罗坊乡罗坊村综合调查报告》
15. 刘芝凤、黄金洪、卓小婷、王煌彬、朱秀梅、林婉娇、陈燕婷：《龙岩

长汀县童坊镇彭坊村"刻纸龙灯"专题调查报告》

16. 王巧吟:《龙岩坎市镇壬辰岁扛天后踩街活动综合调查报告》

17. 王煌彬:《厦门翔安区赵岗村"宋江阵"专题调查报告》

18. 黄雅芬:《厦门翔安区新圩镇古宅村"抢灯"专题调查报告》

19. 王煌彬:《漳州市长泰县江都村"排大猪祭三公"综合调查报告》

20. 张丽婷:《厦门同安莲花镇小坪村庙村踏火节综合调查报告》

21. 张璟秀、孙娜、张晓晖、张荣、陈逸君、刘春艳:《厦门海沧区"蜈蚣阁"专题调查报告》

22. 方奇、上官婧、吴艳霞:《厦门湖里区钟宅畲族民俗文化节"游王船"专题调查报告——从民俗体育的视角剖析》

23. 徐亚薇:《厦门"中秋博饼"专题调查》

24. 翁艳艳:《莆田黄石镇"打铁球"专题调查报告》

25. 林龙明:《莆田仙游龙华镇金建村"杨氏游神"活动专题调查报告》

26. 王煌彬、朱秀梅:《福州闽侯县元宵节综合调查报告》

27. 郭丽萍:《三明大田县"板凳龙"专题调查报告》

28. 曾晓萍:《三明将乐县万全乡良地村"舞龙"专题调查报告》

29. 刘芝凤、张凤莲、曾晓萍:《三明沙县"肩膀戏"专题调查报告》

30. 曾晓萍 张凤莲:《三明沙县民间艺术综合调查报告》

31. 刘芝凤、张凤莲、朱秀梅:《南平建瓯市"建瓯挑幡"专题调查报告》

32. 方奇、李蕊:《南平建瓯市"建瓯幡"的幡体制作工艺及保护计划——基于"建瓯挑幡"国家级非物质文化遗产的申报材料》

33. 孙亮柱、方奇:《台湾高雄县内门宋江阵武林大会调查报告》

34. 陈子冲:《台湾台中县大甲镇澜宫妈祖绕境民俗文化综合调查报告》

35. 林雅容:《漳州平和县"龙艺"专题调查报告》

36. 刘芝凤、王煌彬、刘少郎、朱秀梅:《宁德屏南县双溪镇综合调查报告

二、采访对象基本信息

序号	姓名	性别	年龄	身份	单位/地址
1	蔡奕品	男	54 岁	团长	泉州市金凯圣醒狮团
2	蔡文格	男	38 岁	成员	泉州市金凯圣醒狮团
3	蔡国庆	男	33 岁	村民	泉州市石狮市祥芝镇祥芝村
4	陈 玲	女	57 岁	退休职工	厦门市摄影协会
5	陈松珠	女	42 岁	主任	泉州市石狮市体育总会办公室
6	官榕旺	男	78 岁	村民	龙岩市连城县庙前镇庙前村
7	钟阿美	女	50 岁	主席	厦门市钟宅社区妇女联合会
8	陈宝成	男	50 岁	负责人	漳州市角美镇石美村舞龙队
9	李建民	男	35 岁	负责人	晋江市龙山内塘罗山街道英山舞龙队
10	黄大如	男	42 岁	团长	漳州市角美镇石美村龙狮队
11	陈春万	男	20 岁	队员	漳州市角美镇石美村龙狮队团
12	徐江艺	男	20 岁	队员	漳州市角美镇石美村龙狮队团
13	李金锡	男	36 岁	负责人	泉州市晋江舞狮（北狮）罗山街道兴英舞狮队
14	康溪根	男	74 岁	第三代传人	漳州市龙海市紫泥镇安山舞狮队宋江阵
15	康两平	男	65 岁	负责人	漳州市龙海市紫泥镇安山舞狮队
16	潘炳堂	男	75 岁	永春白鹤拳传承人	泉州市永春县达埔镇达理村19组
17	李 镇	男	42 岁	村民	泉州市安溪县湖头湖二村
18	陈 丽	女	40 岁	村民	泉州市安溪县湖头湖二村
19	王积棉	男	86 岁	村民	泉州市安溪县剑斗镇红星村
20	王良志	男	76 岁	村民	泉州市安溪县剑斗镇红星村
21	王明思	男	65 岁	村民	泉州市安溪县剑斗镇红星村
22	王良文	男	86 岁	村民	泉州市安溪县剑斗镇红星村
23	王素真	女	62 岁	村民	泉州市安溪县剑斗镇红星村
24	罗炳学	男	60 岁	退休教师	龙岩市连城县罗坊乡罗坊村
25	罗竹安	男	73 岁	退休教师	龙岩市连城县罗坊乡罗坊村

续表

序号	姓名	性别	年龄	身份	单位/地址
26	罗理事	男	76岁	文馆会员	龙岩市连城县罗坊乡罗坊村
27	罗定太	男	80岁	退休医生	龙岩市连城县罗坊乡罗坊村
28	罗益和	男	74岁	村民	龙岩市连城县罗坊乡罗坊村
29	罗志鸣	男	52岁	村民	龙岩市连城县罗坊乡罗坊村
30	罗福太	男	85岁	村民	龙岩市连城县罗坊乡罗坊村
31	罗洪涛	男	53岁	村民	龙岩市连城县罗坊乡罗坊村
32	罗水发	女	24岁	村民	龙岩市连城县罗坊乡罗坊村
33	徐孟作	男	56岁	乐队成员	龙岩市连城县罗坊乡罗坊村
34	江师傅	男	60岁	乐队成员	龙岩市连城县罗坊乡罗坊村
35	魏子英	女	36岁	村民	龙岩市连城县罗坊乡罗坊村
36	罗协升	男	82岁	村民	龙岩市连城县罗坊乡罗坊村
37	郭兆隆	男	51岁	个体户	三民市大田县南山路201号
38	王文默	男	49岁	赵岗宋江阵传承人	厦门市翔安区内厝镇赵岗村420号
39	吴红梅	女	48岁	村民	泉州市鲤城区浮桥街道岐山村
40	杨梅英	女	68岁	村民	南安市美林镇洋美村19组126号
41	谢传叨	男	83岁	村民	福州市闽侯县鸿尾乡千里洋村6号
42	谢振元	男	49岁	村民	福州市闽侯县鸿尾乡千里洋村6号
43	周梅英	女	51岁	村民	莆田市黄石镇清中村122号
44	翁文洪	男	51岁	村民	莆田市黄石镇清中村125号
45	彭慕喜	男	50岁	刻纸龙灯艺人	龙岩长汀县童坊镇彭坊村上街组
46	彭怀桂	男	72岁	农民、法师	龙岩长汀县童坊镇彭坊村上街组
47	彭华轮	男	45岁	村民	龙岩长汀县童坊镇彭坊村上街组
48	胡燊基	男	69岁	小学退休校长	龙岩长汀县童坊镇彭坊村上街组
49	张廷玉	男	60岁	村干部、小学教师	彭坊村民俱乐部队长龙岩长汀县童坊镇彭坊村11组
50	彭华生	男	54岁	村民	龙岩长汀县童坊镇彭坊村中街组
51	彭怀权	男	72岁	村民	龙岩长汀县童坊镇彭坊村上街组

续表

序号	姓名	性别	年龄	身份	单位/地址
52	彭择权	男	51岁	村民	龙岩长汀县童坊镇彭坊村上街组
53	胡长金	女	50岁	村民	龙岩长汀县童坊镇彭坊村上街组
54	曾水莲	女	63岁	村民	龙岩长汀县童坊镇彭坊村上街组
55	张五莲	女	68岁	村民	龙岩长汀县童坊镇彭坊村上街组
56	张冬菊	女	38岁	村民	龙岩长汀县童坊镇彭坊村上街组
57	高文球	男	20岁	学生	厦门市莲花镇小坪村庙村
58	陈小玲	女	43岁	个体户	南平市建瓯市造船厂
59	徐树琦	女	58岁	个体户	南平市建瓯市造船厂
60	陈佳添	男	56岁	村民	厦门市翔安区新圩镇东寮村顶乡四组
61	黄金放	男	46岁	原住居民	翔安区新圩镇古宅村翔安区新圩镇古宅村
62	张元琼	女	25岁	务农	宁德市屏南县东路74号
63	陆修干	男	73岁	派出所调解员	宁德市屏南县环南路45号
64	黄玉兰	女	73岁	村民	宁德市屏南县双溪村
65	黄秀春	女	54岁	村民	泉州永春县岵山镇塘溪村十组如财堂
66	陈礼猛	男	57岁	村民	泉州永春县岵山镇塘溪村十组如财堂
67	林喜	女	78岁	西陵宫佛会斋眼主持	泉州永春县岵山镇塘溪村
68	陈金树	男	55岁	村长	泉州永春县岵山镇塘溪村十组
69	刘阳城	男	27岁	教师	泉州市安溪县蓬莱镇
70	林建置	男	55岁	泥水工	泉州市安溪县蓬莱镇
71	释如慧	男	52岁	寺庙主持	泉州市安溪县清水岩寺
72	林书荣	男	29岁	村民	泉州市安溪县蓬莱镇
73	蔡建坤	男	29岁	村民	泉州市安溪县蓬莱镇
74	陈迎财	男	40岁	首人	泉州市安溪县蓬莱镇2013年的巡境活动
75	释明净	男	27岁	僧人	泉州市安溪县清水岩寺
76	刘章生	男	50岁	商人	2003年从马来西亚返乡泉州市安溪县蓬莱镇

续表

序号	姓名	性别	年龄	身份	单位/地址
77	王成合	男	50岁	商人	祖籍福建南安,定居于马来西亚槟城
78	刘小东	男	80岁	头人	泉州市安溪县蓬莱镇2013年的巡境活动
79	刘和祥	男	54岁	茶农	泉州市安溪县蓬莱镇
80	洪双结	男	39岁	村民	泉州市安溪县蓬莱镇
81	林明花	女	43岁	裁缝	泉州市安溪县蓬莱镇
82	张生宝	男	75岁	退休人员	泉州市安溪县蓬莱镇
83	张炳贵	男	41岁	村民	泉州市安溪县蓬莱镇
84	张有浩	男	80岁	村民	泉州市安溪县蓬莱镇
85	刘菊花	女	45岁	村民	泉州市安溪县蓬莱镇
86	柯霜霜	女	23岁	学生	泉州市安溪县蓬莱镇
87	蔡雪红	女	23岁	学生	泉州市安溪县蓬莱镇
88	黄振	男	50岁	副馆长	三明市沙县文化馆
89	李萍	女	61岁	村民	三明市沙县夏茂镇人
90	乐梅金	女	50岁	干部	三明市沙县夏茂镇政府副镇长办公室
91	陈领忻	男	61岁	店长	三明市沙县夏茂镇政府旁农药店三明市沙县夏茂镇西街村
92	林英灿	男	50岁	站长	三明市沙县夏茂站文化站
93	余玉英	女	57岁	村民	三明市将乐县万全乡良地村
94	梁后招	男	70岁	村民	三明市将乐县万全乡良地村
95	梁佑芳	男	72岁	老书记	春节龙制作者三明市将乐县万全乡良地村
96	梁荣祥	男	41岁	村副主任	三明市将乐县万全乡良地村1组
97	江仁炎	男	21岁	学生	龙岩市连城县北团镇上江村
98	李庆	男	65岁	村民	漳州市平和县西林村西林路35号
99	谢育珊	女	22岁	学生	台湾义守大学休闲事业管理学系
100	蔡衍康	男	52岁	工程水电工人	泉州市石狮市华山村
101	蔡文焕	男	48岁	村长	泉州市石狮市华山村华北二区15号

参考文献

1. 谢军、陈少坚:《闽台民俗体育的渊源与作用诠释》,载《体育科学研究》2010年版第4期。
2. 杨静荣、刘志雄:《龙之源》,载《中国书店》2008年版第10期。
3. 王丽梅:《闽台文化的同质性及其保护、发展》,载《河北北方学院学报(社会科学版)》2009年版第6期。
4. "地理环境",百度百科〔EB/OL〕,http://baike.baidu.com/view/62144.htm
5. "体育意义概念",百度百科〔EB/OL〕,http://baike.baidu.com/view/8323.htm
6. 颜天民、熊焰等:《体育概论 体育史 奥林匹克运动 体育法规》,广西师范大学出版社2000年版。
7. 海沧蜈蚣阁创世界纪录协会世界纪录〔EB/OL〕,中国广播网,http://vip.gocheck.cn/enterprise/document/detailWebHighlight.action?dectResultId=5086944
8. 打尺寸〔EB/OL〕,畲乡风情网,http://www.jn0578.com/Html/?486.html,2012年12月2日。
9. 李坤展:《扯铃在台湾的文化传承》,台湾"国立"体育学院体育研究所2002年版。
10. 陈光明、罗伟文:《狗拳(地术拳)实战技术介绍》,载《精武》,2010年版第7期。
11. 杨升、郑一军、黄锦标:《永春白鹤拳实战技法讲评》,《搏击》2009年版第5期。
12. "畲家拳",百度百科〔EB/OL〕,http://baike.baidu.com/view/

780859. htm。

13. 江积仕、林蔚学、吴福瑞:"《连城拳》为何大放异彩》,载《闽西日报》2010年7月14日。

14. "元极舞",百度百科〔EB/OL〕,http://baike.baidu.com/view/2241848. htm。

15. 陈俊东:《文化遗产的价值分析及其保护路径》,载《湖北日报》2007年5月24日。

16. "非物质文化遗产",百度百科〔EB/OL〕,http://baike.baidu.com/view/11090. htm。

17. 文化部:《我国非物质文化遗产保护工作的基本情况》2005年4月26日。

18. "文化产业",百度百科〔EB/OL〕,http://baike.baidu.com/view/40273. htm。

19. 朱宝琛:《财政资金支持文化金融新模式正在研究中》,载《证券日报》2012年12月17日。

20. 于素梅等:《中国体育旅游研究》,中国水利水电出版社2007年版。

21. 张强、柳伯力:《国内外体育旅游业发展概况》,载《四川体育科学》2003年版第2期。

22. 柳伯力:《休闲视觉中的体育旅游》,电子科技出版社2007年版

23. 我国体育旅游发展现状及策略研究〔EB/OL〕,http://www.studa.net/Profession/081230/14043829. html。

24. 厦门绘就全民健身计划蓝图〔EB/OL〕,http://www.xmhouse.com/HouseNews/xwpd/fcxw/ghjs/200506/t20050620_20089. htm。

25. 将厦门建成国际体育旅游城市〔EB/OL〕,http://www.17u.com/wd/detail/4_105527。

26. 马庆、左成:《发展厦门市体育旅游初步研究》,载《体育科学研究》2005年版,第4期。

27. 汲智勇:《关于体育强国认识的演变历程与发展策略研究》,载《体育与科学》2010年版,第5期。

28. 厦门市体育局:厦门竞技体育事业多管齐下促发展〔EB/OL〕,ht-

tp://218.5.80.4:6814/Pages/Home/NewsDetail.aspx? rowId=394,2011年12月6日。

29.《思明区国民经济和社会发展第十二个五年规划纲要》,厦门市思明区人民政府办公室,2011年12月15日。

30.中共沙县夏茂镇委员会、沙县夏茂镇人民政府:《夏茂镇志》,(明)新出(2009)内书第167号,2009年9月。

31.宋经文:《三明文化大观——三明文物》,内蒙古人民出版社1999年版。

后 记

2012年4月初,从公体部刘小湘教授那里得知厦门市社会科学重大项目"闽台历史民俗文化遗产资源调查"课题主持人刘芝凤教授正在为其子课题"闽台民间体育传统习俗文化遗产资源调查"物色负责人,鉴于自己前期刚完成了一项关于民族传统体育项目——腰鼓运动的研究,正意犹未尽之时,便毛遂自荐表达了有意参与的想法。经刘小湘教授引荐,刘芝凤教授通过与我两次面对面的直接交流和一次作业布置(要求一周内草拟出民间体育资源调查的提纲),最终确认了由我来担任"闽台民间体育传统习俗文化遗产资源调查"课题组的组长,全面负责该子课题的研究工作。由此,我才有幸真正参与到厦门市社科领域有史以来投入资金最大的项目——"闽台历史民俗文化遗产资源调查"的课题中来。

由于本子课题是刘芝凤教授在大课题组调研过程中发现的有价值进行独立专门研究的领域和方向,原本不在大课题的规划范围之内,故留给本子课题正式开展调查的时间要比其他子课题迟了将近一年左右的时间,这对于"临危受命"的我来说责任重大。为此,我特意将公体部在民俗体育研究方面有所建树的赵少聪、李红梅两位老师拉入课题组,同时广泛发动学生们与我一同抓紧开展田野调研工作。

在多次与刘芝凤教授开展田野调查工作的过程中,我深刻地感受到她对事业的执着、热爱和高度责任感,令人敬佩。同时,我也深刻地感受到大课题组对于课题研究工作认真、严谨的求实态度,以及大课题组全体成员之间互帮互助、无私奉献的团队精神,让后期才加入的我来说倍感温暖,受益颇多。

在此衷心感谢刘小湘教授的极力推荐和刘芝凤教授的伯乐赏识。因为你们的关爱和支持,才有了本书面世的可能。感谢刘芝凤教授、刘小湘教授、赵少聪、李红梅、李蕊老师在课题开展过程中出谋划策,提供了很多宝贵意见。同时,还要感谢一同参与调查研究的学生吴艳霞、上官婧、曾丽莉、王煌彬、朱秀梅、陈惠芳等等,谢谢你们的努力工作和辛苦付出,见证你们的成熟和成长是老师最感欣慰的事情。

另外,更要感谢前人们做出的努力和所取得的成就,使我得以"站在巨人肩膀上"继续前行。由于时间匆促,书中个别图片资料可能未及与作者沟通,如涉及版权付费问题,请与我联系。总体而言,本书图片除署名之外,均取之刘芝凤教授及大组和本组师生拍摄的作品。

因我2014年一年在湖南攻读博士学位,本书的校对与修改,由刘芝凤教授亲自代劳,深表谢意。

由于水平有限,经验不足,加之时间仓促,本书肯定存在一些疏漏和不足之处,乞望各位同仁不吝赐教。

方 奇
2014 年 3 月 18 日

图书在版编目(CIP)数据

闽台民间体育传统习俗文化遗产资源调查/方奇著. —厦门:厦门大学出版社,2014.5

(闽台历史民俗文化遗产资源调查)

ISBN 978-7-5615-4988-9

Ⅰ.①闽… Ⅱ.①方… Ⅲ.①传统体育项目-资源调查-福建省②传统体育项目-资源调查-台湾省 Ⅳ.①G85

中国版本图书馆 CIP 数据核字(2014)第 043037 号

厦门大学出版社出版发行

(地址:厦门市软件园二期望海路 39 号 邮编:361008)

http://www.xmupress.com

xmup @ xmupress.com

厦门集大印刷厂印刷

2014 年 5 月第 1 版 2014 年 5 月第 1 次印刷

开本:720×1000 1/16 印张:12 插页:4

字数:250 千字 印数:1~4 000 册

定价:32.00 元

本书如有印装质量问题请直接寄承印厂调换